COURS RAISONNÉ

DE LANGUE FRANÇAISE

1624

TROISIÈME DEGRÉ

(Enseignement supérieur)

TYPOGRAPHIE DE CH. LAHURE
Imprimeur du Sénat et de la Cour de Cassation
rue de Vaugirard, 9

QUESTIONS
ET EXERCICES

SUR LE PETIT TRAITÉ

DE RHÉTORIQUE ET DE LITTÉRATURE

A L'USAGE DES ÉLÈVES

PAR

B. JULLIEN

délégué pour l'un des arrondissements de Paris
docteur ès lettres , licencié ès sciences
secrétaire de la Société des méthodes d'enseignement

PARIS

LIBRAIRIE DE L. HACHETTE ET Cie
RUE PIERRE-SARRAZIN, Nº 14
(Près de l'École de médecine)

1856

COURS RAISONNÉ DE LANGUE FRANÇAISE

TROISIÈME DEGRÉ

QUESTIONS

ET EXERCICES

SUR LE PETIT TRAITÉ

DE RHÉTORIQUE ET DE LITTÉRATURE

A L'USAGE DES ÉLÈVES

PAR

B. JULLIEN

Délégué pour l'un des arrondissements de Paris
docteur ès lettres, licencié ès sciences
secrétaire de la Société des méthodes d'enseignement

PARIS

LIBRAIRIE DE L. HACHETTE ET Cie
RUE PIERRE-SARRAZIN, N° 14
(Près de l'École de médecine)

QUESTIONS ET EXERCICES

SUR LE PETIT TRAITÉ

DE RHÉTORIQUE ET DE LITTÉRATURE.

CHAPITRE PREMIER.

CONSIDÉRATIONS GÉNÉRALES.

§ 1. FORMES DU LANGAGE. — DIVISION
DES OUVRAGES.

QUESTIONS THÉORIQUES.

1. Combien y a-t-il de formes générales du langage?

2. Comment s'appellent les ouvrages en prose?

3. Comment s'appellent les ouvrages en vers?

4. Qui appelle-t-on des *poètes?*

5. Comment les nomme-t-on, eu égard à la forme de langage qu'ils emploient, c'est-à-dire à ce qu'ils s'expriment en *vers?*

6. Comment s'appellent les auteurs de discours prononcés?

7. Comment s'appellent les auteurs d'écrits?

8. Comment appelle-t-on les uns et les autres, eu égard à la forme de langage qu'ils emploient?

9. Tout le monde s'accorde-t-il sur le sens du mot *poésie?*

E. 1

10. Quels hommes ont pensé que la poésie n'était autre chose qu'une fiction?

11. Cette opinion est-elle fondée?

12. Citez quelques-uns de ceux qui ont soutenu l'opinion contraire.

13. Qu'est-ce enfin que la poésie?

14. Comment faut-il distinguer les auteurs?

15. Comment faut-il distinguer les ouvrages?

EXERCICES.

1er SUJET.

La Motte voulant prouver qu'une tragédie ne tirait aucune valeur de la versification, prit le *Mithridate* de Racine qui commence ainsi :

> On nous faisait, Arbate, un fidèle rapport :
> Rome en effet triomphe, et Mithridate est mort.
> Les Romains, vers l'Euphrate, ont attaqué mon père,
> Et trompé dans la nuit sa prudence ordinaire.
> Après un long combat tout son camp dispersé,
> Dans la foule des morts en fuyant l'a laissé ;
> Et je sais qu'un soldat, dans les mains de Pompée,
> Avec son diadème a remis son épée.
> Ainsi ce roi qui, seul, a durant quarante ans
> Lassé tout ce que Rome eut de chefs importants,
> Et qui, dans l'Orient balançant la fortune,
> Vengeait de tous les rois la querelle commune,
> Meurt, et laisse après lui, pour venger son trépas,
> Deux fils infortunés qui ne s'accordent pas.

La Motte tourna les mêmes pensées de cette manière :

On nous faisait, Arbate, un récit fidèle. Rome triomphe en effet; et Mithridate est mort. Les Romains ont attaqué mon père vers l'Euphrate, et ils ont trompé dans la nuit sa prudence ordinaire. Tout son camp, dispersé et fuyant après une longue bataille, l'a laissé dans la foule des morts ; et j'ai su qu'entre les mains de Pompée un soldat a remis son épée avec son diadème. Ainsi ce roi qui, durant quarante ans, a lassé tout ce que Rome eut de chefs considérables, et qui, balançant la fortune dans l'Orient, vengeait la querelle commune de tous les rois, meurt, et laisse après lui, pour venger sa mort, deux fils malheureux qui ne s'accordent pas.

ANALYSE.

Appliquez à ces deux pièces et à leurs auteurs les noms indiqués dans le paragraphe précédent.

2ᵉ SUJET.

La cataracte du Niagara.

Le lac Érié se décharge par la rivière Niagara et par ses célèbres cataractes tant de fois décrites et qu'aucune parole ne peut décrire dignement. Disons seulement que le principal saut est du côté du Canada. Dans cet endroit, la rivière a six cents verges de large et la chute est de cent quarante-deux pieds. Entre les chutes est une petite île. Le saut qui est du côté des États-Unis a trois cent cinquante verges de large et cent soixante-trois pieds de haut. Cette grande cataracte est continuellement enveloppée d'un nuage qu'on aperçoit de très-loin ; les flots écumeux semblent couler dans les nues ; de temps à autre le nuage, en s'ouvrant, laisse entrevoir les rochers et les forêts. L'aspect le plus étonnant se présente l'hiver, lorsque les eaux, malgré leur effroyable mouvement, ressentent l'influence des gelées ; alors d'énormes colonnes de glaces s'élèvent du fond du précipice, tandis que d'autres morceaux de glace pendent d'en haut comme autant de tuyaux d'orgue. (Malte-Brun, Géogr., l. 99.)

La cataracte du Niagara.

Nous arrivâmes bientôt au bord de la cataracte, qui s'annonçait par d'affreux mugissements : elle est formée par la rivière Niagara, qui sort du lac Érié et se jette dans le lac Ontario. Sa hauteur perpendiculaire est de cent quarante-quatre pieds. Depuis le lac Érié jusqu'au saut, le fleuve arrive toujours en déclinant par une pente rapide, et au moment de la chute, c'est moins un fleuve qu'une mer dont les torrents se pressent à la bouche béante d'un gouffre. La cataracte se divise en deux branches et se courbe en fer à cheval. Entre les deux chutes s'avance une île creusée en dessous, qui pend, avec tous ses arbres, sur le chaos des ondes. La masse du fleuve qui se précipite au midi s'arrondit en un vaste cylindre, puis se déroule en nappe de neige, et brille au soleil de toutes les couleurs ; celle qui tombe au levant descend dans une ombre effrayante : on dirait une colonne d'eau du déluge. Mille arcs-en-ciel se courbent et se croisent sur l'abîme. L'onde, frappant le roc ébranlé, rejaillit en tourbillons d'écumes qui s'élèvent au-dessus des forêts, comme les fumées d'un vaste embrasement. Des pins, des noyers sauvages, des rochers taillés en forme de fantômes décorent la scène; des aigles, entraînés par le courant d'air, descendent en tournoyant au fond du gouffre, et des carcajous se suspendent par leur longue queue au bout d'une branche abaissée, pour saisir dans l'abîme les cadavres brisés des élans et des ours. (Chateaubriand, *Génie du christianisme.*)

ANALYSE CRITIQUE.

Comparez ces deux morceaux? Montrez en quoi ils diffèrent, et ce qu'il faut penser du style de l'un ou de l'autre.

_____

§ 2. POÉSIE, ÉLOQUENCE, LITTÉRATURE.

QUESTIONS THÉORIQUES.

1. Que signifie ce mot, la *poésie d'une langue?*

2. Désigne-t-on d'une manière analogue les ouvrages en prose?

3. Que veut dire le mot *littérature?*

4. Que signifiait ce mot dans l'origine?

5. Dans quel sens le prenons-nous ici?

6. Que devons-nous remarquer d'abord?

7. Y a-t-il des règles pour la composition des ouvrages?

8. Quelles sont ces règles ?
9. Qu'est-ce que *la vérité* ?
10. Qu'est-ce que *l'ordre* ?
11. En quoi consiste *la proportion* ?
12. En quoi consiste *l'agrément* ?
13. Qu'est-ce que *l'utilité* ?
14. En quoi consiste *l'honnêteté* ?
15. A quoi reconnaissez-vous qu'un ouvrage est bon ?
16. Peut-il être encore meilleur ?
17. Ces règles sont-elles générales ou particulières ?
18. Comment divisez-vous les ouvrages en prose ?

EXERCICES.

3ᵉ SUJET.

Vous nous demandez tous les jours, mes frères, s'il est vrai que le chemin du ciel soit si difficile, et si le nombre de ceux qui se sauvent est aussi petit que nous le disons. A une question si souvent proposée, et encore plus souvent éclaircie, Jésus-Christ vous répond aujourd'hui qu'il y avait beaucoup de veuves en Israël affligées de la famine, et que la seule veuve de Sarepta mérita d'être secourue par le prophète Élie ; que le nombre des lépreux était grand en Israël du temps du prophète Élisée, et que cependant Naaman tout seul fut guéri par l'homme de Dieu.

Pour moi, mes frères, si je venais ici vous alarmer plutôt que vous instruire, il me suffirait de vous exposer simplement ce qu'on lit de plus terrible dans les livres saints sur cette grande vérité ; et, parcourant de siècle en siècle l'histoire des justes, vous montrer que dans tous les temps les élus ont été fort rares : la famille de Noé, seule sur la terre, sauvée de l'inondation générale ; Abraham, seul discerné de tout le reste des hommes, et devenu le dépositaire de l'alliance ; Josué et Caleb, seuls des six cent mille Hébreux, introduits dans la terre de promesse ; un Job, seul juste dans la terre de Hus ; Loth, dans Sodome ; les trois enfants juifs, dans Babylone.

A des figures si effrayantes auraient succédé les expressions des prophètes ; vous auriez vu dans Isaïe les élus aussi rares que ces grappes de raisin qu'on trouve encore après la vendange, et qui ont échappé à la diligence du vendangeur ; aussi rares que ces épis qui restent par hasard après la moisson, et que la faux du moissonneur a épargnés.

L'Évangile aurait encore ajouté de nouveaux traits à la terreur de ces images ; je vous aurais parlé de deux voies, dont l'une est étroite, rude, et la voie d'un très-petit nombre ; l'autre, large, spacieuse, semée de fleurs, et qui est comme la voie publique de tous les hommes ; enfin, en vous faisant remarquer que partout, dans les livres saints, la multitude est toujours le parti des réprouvés, et que les élus, comparés au reste des hommes, ne forment qu'un petit troupeau qui échappe presque à la vue, je vous aurais laissés sur votre salut dans des alarmes toujours cruelles à quiconque n'a pas encore renoncé à la foi et à l'espérance de sa vocation. (Massillon, *Sermon sur le petit nombre des élus.*)

ANALYSE.

Montrez quelles sont les principales qualités de ce morceau : la vérité, l'ordre, l'agrément, etc.

4e SUJET.

La tombe dit à la rose :
Des pleurs dont l'aube t'arrose,
Que fais-tu, fleur des amours ?
La rose dit à la tombe :
Que fais-tu de ce qui tombe
Dans ton gouffre ouvert toujours ?
La rose dit : Tombeau sombre,
De ces fleurs je fais, dans l'ombre,
Un parfum d'ambre et de miel.
La tombe dit : Fleur plaintive,
De chaque âme qui m'arrive,
Je fais un ange du ciel.

ANALYSE CRITIQUE.

Examinez si les qualités qu'on aime à trouver dans les ouvrages de littérature et de poésie sont dans celui-ci.

CHAPITRE II.

ORAISONS OU DISCOURS PRONONCÉS.

----

§ 3. RHÉTORIQUE; SES PARTIES. — INVENTION.

QUESTIONS THÉORIQUES.

1. Qu'était-ce que la rhétorique pour les anciens?
2. Comment la définissaient-ils?
3. Ce mot n'a-t-il pas été pris, plus tard, dans un sens un peu détourné?
4. Combien la rhétorique, considérée seulement quant à la composition des discours, a-t-elle de parties?
5. Combien en a-t-elle, quand on considère le discours comme devant être prononcé?
6. Y a-t-il lieu ici de parler de l'*élocution*?
7. Qu'est-ce que l'*invention*?
8. Quel est l'objet de l'orateur?
9. Qu'est-ce qu'*instruire*?
10. Qu'est-ce que *plaire*?
11. Qu'est-ce que *toucher*?
12. Que doit faire l'orateur pour instruire?
13. Que doit-il faire pour plaire?
14. Que doit-il faire pour toucher?
15. Comment alors appelle-t-on les preuves, les mœurs et les passions?

EXERCICES.

5e SUJET.

Darius, résolu de combattre contre Alexandre, avait assemblé une armée presque innombrable. Transporté de joie à la vue de cette multitude, il demanda à Charidème, Athénien exilé, s'il le croyait assez fort pour écraser l'ennemi. Charidème répondit par le discours suivant :

« Peut-être, seigneur, la vérité pourra vous offenser; mais si je vous la cache maintenant, en vain dans un autre temps voudrais-je vous la dire. Ce prodigieux appareil, cette multitude rassemblée de toutes les parties de l'Orient peut être formidable à vos voisins. Tout n'est qu'or et que pourpre dans votre armée; on est ébloui par l'éclat des armes et par une opulence qu'on ne saurait imaginer, à moins d'en être le témoin. Mais l'armée des Macédoniens, dépouillée de tout ornement, n'a rien que de terrible; ses bataillons serrés, immobiles, sont hérissés d'une haie de piques, et couverts de boucliers qui dérobent la vue des soldats. Ils nomment *phalange* un corps inébranlable d'infanterie où les hommes et les armes se touchent et paraissent entrelacés. Attentifs au commandement de leurs chefs, ils suivent leurs drapeaux et conservent leurs rangs; tous à la fois obéissent à l'ordre. Charger l'ennemi, l'envelopper, doubler les files, changer la forme d'un bataillon, les capitaines ne l'entendent pas mieux que les soldats.

« Ne croyez pas que ce soit l'amour de l'or et de l'argent qui les domine : c'est à l'école de la pauvreté que cette discipline s'est jusqu'ici maintenue. S'ils ont faim, le premier mets qu'ils trouvent leur est bon; fatigués, ils couchent sur la terre, et leur sommeil est toujours moins long que la nuit. Pensez-vous que cette invincible cavalerie des Thessaliens, des Acarnaniens et des Étoliens puisse être repoussée avec des frondes et des bâtons durcis au feu? Ce sont des forces égales qu'il faut leur opposer; c'est dans leur pays même qu'il faut chercher des secours contre eux. Envoyez-y donc cet or et cet argent, pour vous procurer de bonnes troupes. (Quinte Curce, traduit par Millot.)

Indiquez en quoi consistent dans ce discours l'invention et la disposition.

––––––

§ 4, PREUVES. — LIEUX COMMUNS INTÉRIEURS ET EXTÉRIEURS.

QUESTIONS THÉORIQUES.

1. Qu'entend-on par *preuves ?*
2. En quoi consiste tout l'art de prouver ?
3. Qu'appelle-t-on *lieux* ou *lieux communs ?*
4. Pourquoi sont-ils appelés *lieux communs ?*
5. Comment divise-t-on ces lieux communs ?
6. Emploie-t-on quelquefois d'autres termes que *intérieurs* ou *extérieurs ?*
7. Qu'est-ce que les *lieux intérieurs ?*
8. Comment les *lieux extérieurs* en diffèrent-ils ?
9. Quels sont les principaux lieux intérieurs ?
10. Qu'est-ce que la *définition ?*
11. Qu'est-ce que l'*énumération ?*
12. Diffère-t-elle de la figure de pensée connue sous le même nom ?
13. Qu'est-ce que la *similitude ?*
14. Est-ce quelque chose de nouveau pour nous que ce lieu commun ?
15. Qu'est-ce que les *contraires ?*
16. Qu'est-ce que *les causes* et *les effets ?*
17. Qu'est-ce que les *circonstances ?*
18. Toutes les circonstances ne sont-elles pas exprimées dans un vers technique ?
19. Les lieux communs *extérieurs* sont-ils les mêmes pour toutes les espèces de discours ?

1.

20. A combien d'espèces les anciens les rapportaient-ils ?

21. Les lieux communs conviennent-ils exclusivement au discours oratoire ?

EXERCICES.

6ᵉ SUJET.

Élevez vos yeux, ô enfants d'Adam, hommes faits à l'image de Dieu : contemplez cette belle structure du monde, voyez cet accord et cette harmonie. Y a-t-il rien de plus beau ni de mieux entendu que ce grand et superbe édifice? C'est parce que la volonté divine y a été fidèlement observée; c'est parce que ses desseins ont été suivis, et que tout se régit par ses mouvements. Car cette volonté étant sa règle elle-même, toujours juste, toujours égale, toujours uniforme, tout ce qui la suit ne peut aller que dans un bel ordre : de là ce concert et cette cadence si juste et si mesurée. Que si les créatures même corporelles reçoivent tant d'ornements, à cause qu'elles obéissent aux décrets de Dieu, combien sera grande la beauté des natures intelligentes, lorsqu'elles seront réglées par ses ordonnances! Consultez toutes les créatures du monde; si elles avaient de la voix, elles publieraient hautement qu'elles se trouvent très-bien d'observer les lois de cette Providence incompréhensible, et que c'est de là qu'elles tirent toute leur perfection et tout leur éclat; et n'ayant point de langage, elles ne laissent pas de nous prêcher par cette constante uniformité avec laquelle elles s'y attachent. Vous, hommes, enfants de Dieu, que votre père céleste a illuminés d'un rayon de son intelligence infinie, quelle sera votre ingratitude, si, plus stupides et plus insensibles que les créatures inanimées, vous méprisez de suivre les lois que Dieu même vous a données depuis le commencement du monde ! (Bossuet, *Sermons.*)

ANALYSE.

Indiquez les lieux communs oratoires auxquels se rapportent les diverses pensées de ce passage.

7e SUJET.

Considérez les lois tyranniques et pernicieuses que le monde nous a imposées contre les obligations de notre baptême. N'est-ce pas le monde qui dit que pardonner c'est faiblesse, et que c'est manquer de courage que de modérer son ambition? N'est-ce pas le monde qui veut que la jeunesse coure aux voluptés, et que l'âge plus avancé n'ait de soin que pour s'établir, et que tout cède à l'intérêt? N'est-ce pas une loi du monde qu'il faut nécessairement s'avancer, s'il se peut, par les bonnes voies, sinon s'avancer par quelque façon ; s'il le faut, par la flatterie ; s'il est besoin, même par le crime? N'est-ce pas ce que dit le monde? ne sont-ce pas ses lois et ses ordonnances? Et pourquoi sont-elles suivies? d'où leur vient cette autorité qu'elles se sont acquise par toute la terre? Est-ce de la raison, ou de la justice? Mais Jésus-Christ les a condamnées, et il a donné tout son sang pour nous délivrer de leur servitude ; d'où vient donc que ces lois maudites règnent encore par toute la terre, contre la doctrine de l'Évangile? Je ne craindrai pas d'assurer que c'est la crainte de déplaire aux hommes qui leur donne cette autorité. (Bossuet, *Sermons*.)

ANALYSE.

Indiquez les principaux lieux oratoires contenus dans ce passage.

8e SUJET.

Définissez l'ambitieux par l'énumération des talents qu'il croit avoir ; supposez que vous l'interrogez vous-même, et lui demandez s'il a les qualités que vous croyez nécessaires et que vous énumérez, il vous répondra qu'il les a toutes ; concluez alors par les contraires, qu'il n'a pas ces vertus, puisque la présomption est un obstacle à ce qu'il les ait.

---

§ 5. MOEURS.

QUESTIONS THÉORIQUES.

1. Qu'entend-on par *mœurs* dans la rhétorique?

2. Les *mœurs* se prennent-elles dans le même sens, dans la poésie et dans l'éloquence?

3. Qu'exige-t-on chez l'orateur ?

4. Quelles sont les mœurs chez l'orateur ?

5. Doit-on aussi considérer les mœurs chez l'auditeur ?

6. Que résulte-t-il de là ?

EXERCICES.

9ᵉ SUJET.

La vie de l'homme est une espérance continuelle. Nous manquons de tant de choses, que nous serions toujours dans l'affliction, si Dieu ne nous avait donné l'espérance, comme pour charmer nos maux, et tempérer par quelque douceur l'amertume de cette vie. Cette vie que nous ne possédons jamais que par diverses parcelles qui nous échappent sans cesse, se nourrit et s'entretient d'espérance ; et puisque nous espérons toujours, c'est un signe très-manifeste que nous ne sommes pas dans le lieu où nous puissions posséder les choses que nous souhaitons. Partant, dans ce bas monde, où personne ne jouit de rien, où on ne vit que d'espérance, celui-là sera le plus heureux qui aura l'espérance la plus belle et la mieux assurée. Heureux donc mille et mille fois les justes et les gens de bien ! Grâce à la miséricorde divine, on leur a bien débattu la jouissance de la vie présente, mais personne ne leur a encore contesté l'avantage de l'espérance.... (Bossuet, *Sermons*.)

ANALYSE.

Montrez sur ce passage la connaissance que Bossuet avait du cœur de l'homme et le parti qu'il en tire.

10ᵉ SUJET.

La médisance, vice détestable, qui convertit en poison tout ce que l'innocence la plus pure lui oppose pour le combattre ; qui, à l'imitation de ce peuple furieux et insensé, se venge de la lumière qui l'éblouit en décochant une grêle de pierres contre le soleil ; et qui tire de l'éclat même de la vertu les noires et sombres vapeurs dont elle la couvre : c'est le démon de la

nuit et du midi, qui marche dans les ténèbres et au grand
jour pour attaquer ce qu'il y a de plus sacré dans le ciel et de
plus saint sur la terre; c'est un serpent qui mord dans le silence, dit le sage, qui se glisse parmi les détours et les dégui-
sements infinis de la malice ; c'est un monstre à cent visages
différents, qui contrefait le langage de l'amitié, de la compassion, de la louange et de la piété même. La médisance règne
en tous lieux, et fait de la société comme un champ de bataille,
où mille coups mortels à l'honneur, portés de toutes parts,
sont le jeu de ces bouches à deux langues que la sagesse dé-
teste.... La médisance est une espèce de meurtre. Cet homme
que vous avez frappé vous paraît sain, mais la plaie est au
fond de l'âme ; il est avec vous, mais ce n'est pas lui ; ce n'est
qu'un misérable reste d'un homme que vous avez ôté du monde
civil. Vous lui avez laissé un peu de vie, afin qu'il pût vous
voir faire les funérailles de son honneur ; et s'il a encore quelque mouvement, c'est pour traîner parmi les hommes de triste
débris d'une réputation que vous lui avez arrachée. (Fléchier,
Sermon sur la médisance.)

ANALYSE.

Montrez les moyens oratoires mis en œuvre par Fléchier.

11ᵉ SUJET.

Faites bien comprendre par une définition ce que c'est que le
monde au point de vue chrétien, et montrez qu'on doit le fuir
comme opposé aux maximes de Jésus-Christ ; puis, vous adres-
sant aux hommes du siècle, montrez, par une énumération,
que leurs mœurs sont celles du monde ; et que c'est à tort que
quelques mondains s'en plaignent, puisqu'ils l'aiment et ne
peuvent le quitter.

§ 6. PASSIONS.

QUESTIONS THÉORIQUES.

1. Qu'est-ce que les *passions?*

2. Comment nomme-t-on ces mouvements quand
les impressions qui les causent sont légères?

3. Comment les nomme-t-on quand, au contraire, elles sont violentes?

4. Quel est l'usage des passions dans la rhétorique?

5. Quelles sont les passions qu'on regarde comme la base de toutes les autres?

6. Quels sont les moyens d'exciter les passions?

7. Y a-t-il une seconde règle à ce sujet?

8. Y a-t-il une troisième règle?

EXERCICES.

12ᵉ SUJET.

Le pêcheur mourant ne trouvant dans le souvenir du passé que des regrets qui l'accablent; dans tout ce qui se passe à ses yeux, que des images qui l'affligent; dans la pensée de l'avenir, que des horreurs qui l'épouvantent : ne sachant plus à qui avoir recours, ni aux créatures qui lui échappent, ni au monde qui s'évanouit, ni aux hommes qui ne sauraient le délivrer de la mort, ni au Dieu juste qu'il regarde comme un ennemi déclaré, dont il ne doit plus attendre d'indulgence : il se roule dans ses propres horreurs; il se tourmente, il s'agite pour fuir la mort qui le saisit, ou du moins pour se fuir lui-même; il sort de ses yeux mourants je ne sais quoi de sombre et de farouche qui exprime les fureurs de son âme : il pousse du fond de sa tristesse des paroles entrecoupées de sanglots qu'on n'entend qu'à demi, et qu'on ne sait si c'est le repentir ou le désespoir qui les a formés : il jette sur un Dieu crucifié des regards affreux, et qui laissent douter si c'est la crainte ou l'espérance, la haine ou l'amour qu'ils expriment : il entre dans des saisissements où l'on ignore si c'est le corps qui se dissout, ou l'âme qui s'approche de son juge; il soupire profondément, et l'on ne sait si c'est le souvenir de ses crimes qui lui arrache ces soupirs, ou le désespoir de quitter la vie. Enfin, au milieu de ces tristes efforts, ses yeux se fixent, ses traits changent, son visage se défigure, sa bouche livide s'entr'ouvre d'elle-même; tout son esprit frémit; et, par un dernier effort, son âme infortunée s'arrache comme à regret de ce corps de boue, tombe entre les mains de Dieu, et se trouve seule au pied du tribunal redoutable. (Massillon, *Sermon pour le jour des Morts.*)

ANALYSE.

Montrez quels moyens oratoires Massillon emploie ici, et comment il les emploie.

13e SUJET.

Folie des hommes qui s'élèvent contre Dieu. 1. Demandez-vous et montrez, par une suite de contraires, ce que c'est que l'homme comparé à Dieu. 2. Ce que c'est que la grandeur de l'homme auprès de la grandeur divine. 3. Montrez ce qu'il y a d'inconcevable à ce que cet être si faible dispute sans cesse contre Dieu. 4. Faites entrevoir le sort qui l'attend comme prix d'une telle faute.

§ 7. DISPOSITION. — EXORDE.

QUESTIONS THÉORIQUES.

1. Qu'est-ce que la *disposition*, dans l'art oratoire ?

2. Y a-t-il dans un ouvrage des parties essentielles ?

3. Quels noms donne-t-on, dans la rhétorique, à ces parties essentielles ?

4. Comment a-t-on divisé ces parties, par rapport au but de l'orateur ?

5. Que doit faire l'orateur dans son exorde ?

6. Que faut-il pour que l'exorde soit bon ?

7. Pourquoi l'exorde doit-il être *modeste ?*

8. Que signifie ce précepte, que l'exorde doit être *ingénieux ?*

9. Que signifie cette règle que l'exorde doit *être court ?*

10. Qu'indique ce mot que l'exorde doit *être propre au sujet ?*

11. Comment distingue-t-on les exordes?

12. Qu'est-ce que l'exorde *tempéré* ou *ordinaire?*

13. Qu'est-ce que l'exorde *par insinuation?*

14. Qu'est-ce que l'exorde *véhément*, ou exorde *ex abrupto?*

_____

EXERCICES.

14e SUJET.

Mulierem fortem quis inveniet? Procul et de ultimis finibus pretium ejus.

Qui trouvera une femme forte? Son prix passe tout ce qui vient des pays les plus éloignés. (*Prov.* 31.)

Mesdames, le plus sage de tous les rois, éclairé des lumières de l'esprit de Dieu, inspiré de laisser à la postérité le portrait d'une femme héroïque, nous la représente revêtue de force et de bonne grâce; occupée à de grandes choses, sans sortir de la modestie de son sexe; comblée des biens mêmes de la fortune, mais toujours prête à les répandre dans le sein des pauvres; pénétrée de la crainte de Dieu, et convaincue de la vanité des grandeurs humaines; tirant sa gloire d'une solide vertu, et non de l'éclat trompeur d'une fragile beauté; mourant avec un visage tranquille et riant; digne d'être reçue dans le ciel, où elle se présente accompagnée de ses bonnes œuvres, et chargée des trésors d'honneur et de grâce qu'elle a amassés; digne enfin, après sa mort, des regrets et des louanges de son époux, après avoir mérité sa tendresse et sa confiance pendant sa vie. Mais avant que de nous dépeindre cette femme forte et courageuse, il nous avertit qu'il est difficile de la rencontrer: il nous en donne une idée, mais il semble qu'il n'en ait jamais trouvé d'exemple. Il la forme dans son imagination; et, doutant qu'elle se puisse trouver dans la nature, il s'écrie: Qui est-ce qui la trouvera? *Mulierem fortem quis inveniet?*

Mais cette haute vertu, qu'il a cherchée avec si peu de succès, et dont il semble que son siècle n'était pas capable, s'est rencontrée en la personne de l'illustre Julie-Lucine d'Angennes de Rambouillet, duchesse de Montausier. Dans tout le cours de sa vie et de ses actions, elle a exprimé ce parfait original, par sa générosité naturelle, par le bon usage des biens et de la faveur, par la connaissance de son néant et de la grandeur de Dieu, par un aveu sincère des faiblesses et des vanités humaines, par une mort douce et tranquille, par le regret universel de tous ceux qui l'avaient connue. Que Salomon ait désespéré de la trouver, cette femme forte et courageuse, nous pouvons nous vanter de l'avoir trouvée. (Fléchier, *Oraison funèbre de la duchesse de Montausier.*)

ANALYSE.

Dites quelle partie ce passage est dans le discours de Fléchier ; à quelle espèce il faut le rapporter, quelles en sont les qualités.

---

§ 8. PARTIES DESTINÉES A INSTRUIRE. — GENRES DE CAUSES. — NARRATION.

QUESTIONS THÉORIQUES.

1. Comment appelle-t-on dans un discours l'exposé du sujet?

2. Qu'est-ce que les *genres de causes?*

3. Qu'est-ce que le genre *démonstratif?*

4. Qu'est-ce que le genre *délibératif?*

5. Qu'est-ce que le genre *judiciaire?*

6. Cette division est-elle absolue?

7. Pourquoi conserve-t-on cette division?

8. Où se trouve la *narration?*

9. Comment la narration est-elle remplacée hors du genre judiciaire?

10. La narration ne se trouve-t-elle jamais dans le genre délibératif ou dans le genre démonstratif?

11. Quelles doivent être les qualités de la narration ?

12. Comment la narration sera-t-elle *simple* et *claire?*

13. Comment la narration sera-t-elle *vraisemblable?*

14. Comment la narration pourra-t-elle être *inté-ressante?*

15. Que signifie que la narration doit être *courte?*

EXERCICES.

15ᵉ SUJET.

Un enfant, qui avait entendu Catinat parler avec éloge de l'hôtel des Invalides, vint un jour, avec l'empressement naïf de son âge, le prier de l'y conduire. Le maréchal y consent, prend l'enfant par la main, le mène avec lui, arrive aux portes. A la vue du maréchal, la garde se range sous les armes, les tambours se font entendre; les cours se remplissent, on répète de tous côtés : *Voilà le père La Pensée.* Ce mouvement, ce bruit, causent à l'enfant quelque frayeur; Catinat le rassure : « Ce sont, dit-il, des marques de l'amitié qu'ont pour moi ces hommes respectables. » Il le conduit partout, lui fait tout voir. L'heure du repas sonne : il entre dans la salle où les soldats s'assemblent, et, avec cette noble simplicité, cette franchise de mœurs guerrières qui rapprochent ceux que le même courage et les mêmes périls ont rendus égaux : « A la santé, dit-il, de mes anciens camarades. » Il boit et fait boire l'enfant avec lui. Les soldats, debout et découverts, répondent par des acclamations qui le suivent jusqu'aux portes, et il sort, emportant dans son cœur la douce émotion de cette scène, dont le récit, conservé dans les mémoires de sa vie, a pour nous encore aujourd'hui quelque chose d'attendrissant et d'auguste. (La Harpe, *Éloge de Catinat.*)

ANALYSE.

Dites à quel genre de cause appartient le discours d'où ce passage est tiré; dites-ce que c'est que cet extrait lui-même, et montrez-en les qualités et les défauts s'il y a lieu.

§ 9. CONFIRMATION. — RÉFUTATION. — DIVISION.

QUESTIONS THÉORIQUES.

1. Qu'entend-on quelquefois par ce mot la *preuve?*
2. Qu'est-ce que la *confirmation?*
3. Que doit faire l'orateur dans sa confirmation?
4. N'y a-t-il pas deux défauts à éviter dans la confirmation?
5. L'orateur peut-il, dans la confirmation, s'attacher à plaire et à toucher?
6. Où place-t-on la *réfutation?*
7. En quoi consiste la réfutation?
8. Quelle marche y suit-on?
9. Qu'est-ce que la *division?*

EXERCICES.

16e SUJET.

Camille ayant dit à Coriolan que, selon lui, c'est une impiété de prendre les armes contre sa patrie, Coriolan répond : « Ces grands noms de mère et de patrie ne sont que des noms. Les hommes naissent libres et indépendants. Les sociétés ont toutes leurs subordinations, et leurs polices sont des institutions humaines qui ne peuvent jamais détruire la liberté essentielle à l'homme. Si la société d'hommes dans laquelle nous sommes nés manque à la justice et à la bonne foi, nous ne lui devons plus rien ; nous rentrons dans les droits naturels de notre liberté, et nous pouvons aller chercher quelque autre société plus raisonnable pour y vivre en repos, comme un voyageur passe de ville en ville, selon son goût et sa commodité. Toutes ces belles idées de patrie ont été données par des esprits artificieux et pleins d'ambition, pour nous dominer. Les législateurs nous en ont bien fait accroire. Mais il faut toujours revenir au droit naturel, qui rend chaque homme libre et indépendant. Chaque homme étant né dans cette indépendance à l'égard des autres, il n'engage sa liberté en se mettant dans la société d'un peuple qu'à condition qu'il sera traité équitablement. Dès que la société manque à la condition, le particulier rentre dans ses droits, et la terre entière est à lui aussi bien qu'aux autres. Il n'a qu'à se garantir d'une force supérieure à la sienne et à jouir de sa liberté. (Fénelon, *Dialogue de Coriolan et de Camille*.)

ANALYSE.

Examinez cette tirade; et sans vous occuper d'en discuter les principes philosophiques auxquels Fénelon répond dans la suite de son dialogue, montrez comment Coriolan en tire une justification de sa conduite, ou, pour employer le terme technique, la *confirmation* de sa proposition. Indiquez dans une seconde partie comment on pourrait réfuter ces idées.

17ᵉ SUJÉT.

Nos orateurs sont bien aimés du ciel de pouvoir se rendre habiles (dans l'éloquence) en travaillant si peu pour le devenir, et les anciens étaient bien malheureux de se donner autant de peine qu'ils faisaient pour n'être que médiocres, comme vous le prétendez. Démosthène commença par s'interdire tous les plaisirs et tous les divertissements de la jeunesse, dans une ville où ils se présentaient à lui de tous côtés. Il choisit, au lieu de la maison de Phryné, l'école de Platon. Il ne se donnait de relâche que dans les entretiens des plus grands philosophes de son temps. Pour s'imposer la nécessité d'une longue retraite où il vaquât sans interruption à l'étude de l'éloquence, il se rasa la moitié de la tête, afin que si le désir de rentrer dans le commerce du monde venait à le prendre, il en fût retenu par là honte de la difformité de sa chevelure. Il allait déclamer sur le bord de la mer pour s'apprivoiser, par le bruit des vagues, aux émotions du peuple et au bruit des grandes assemblées. Il parlait avec véhémence en montant sur des lieux escarpés pour se fortifier la voix; et il s'emplissait la bouche de petits cailloux en déclamant pour corriger la pesanteur de son organe, et la difficulté qu'il avait à prononcer certaines lettres. (Perrault, *Parallèle des anciens et des modernes,* t. II, p. 269.)

COMPOSITION.

L'admirateur des anciens ayant ainsi parlé, faites parler le défenseur des modernes, et qu'il réfute toutes ces raisons.

18e SUJET.

La vie pastorale a été la première condition des hommes. Quand l'histoire ne nous l'apprendrait pas, on suppléerait à son silence et l'on n'en imaginerait pas moins que les hommes s'en sont tenus d'abord aux biens réels que la nature leur offrait, sans en aller chercher de chimériques qui ont été dans la suite le fruit de leur inquiétude et de leur vaine subtilité. (La Motte, *Discours sur l'Églogue.*)

ANALYSE CRITIQUE.

Examinez ces diverses assertions et réfutez-les, s'il y a lieu.

§ 10. PÉRORAISON.

QUESTIONS THÉORIQUES.

1. Qu'est-ce que la *péroraison?*
2. Quel doit en être le style?
3. La péroraison admet-elle toutes ces ressources de l'éloquence?

EXERCICES.

19e SUJET.

Péroraison de l'éloge de Racine. O mes concitoyens, ne vous opposez point à votre gloire en vous opposant à celle de Racine; l'éloge de ce grand homme doit vous être cher, et peut-être n'est-il pas inutile; les barbares approchent, l'invasion vous menace. Songez que les déclamateurs en vers et en prose ont succédé jadis aux poëtes et aux orateurs. Retardez du moins parmi vous, s'il est possible, cette inévitable révolution ; joignez-vous aux disciples du bon siècle pour arrêter le torrent. Encouragez l'étude des anciens, qui seule peut conserver parmi vous le feu sacré prêt à s'éteindre.

N'en croyez pas surtout ces esprits impérieux et exaltés qui trouvent la littérature du dernier siècle timide et pusillanime ; qui, sous prétexte de nous délivrer de ces utiles entraves, qui ne donnent que plus de ressort aux talents et plus de mérite aux beaux-arts, ne songent qu'à se délivrer eux-mêmes des règles du bon sens qui les importunent.

Ne les croyez pas, ceux qui veulent être poëtes sans faire de vers, et grands écrivains sans savoir écrire : ne voyez-vous pas que leur esprit n'est qu'impuissance et qu'ils voudraient mettre les systèmes à la place des talents ?

Ne les croyez pas, ceux qui vantent sans cesse la nature brute ; ils portent envie à la nature perfectionnée : ceux qui regrettent les beautés du chaos ; vous avez sous vos yeux les beautés de la création : ceux qui préfèrent un mot sublime de Shakspeare aux vers de *Phèdre* et de *Mérope;* Shakspeare est le poëte du peuple , *Phèdre* et *Mérope* sont les délices des hommes instruits.

Ne les croyez pas, ceux qui relèvent avec enthousiasme le mérite médiocre de faire verser quelques larmes dans un roman ; il est plus beau d'en faire couler à la première scène d'*Iphigénie :* ceux qui justifient l'invraisemblable, l'outré, le gigantesque, sous prétexte qu'ils ont produit quelquefois un effet passager, et qu'ils peuvent étonner un moment ; malheur à qui ne cherche qu'à étonner, car on n'étonne pas deux fois.

O mes concitoyens! je vous en conjure encore, méfiez-vous de ces législateurs enthousiastes : opposez-leur toujours les anciens et Racine, opposez-leur ce grand axiome de son digne ami, ce principe qui paraît si simple et qui est si fécond : *Rien n'est beau que le vrai*, et si vous voulez avoir sans cesse sous les yeux des exemples de ce *beau* et de ce *vrai*, relisez sans cesse Racine. (La Harpe.)

ANALYSE.

Montrez sur ce morceau l'application des préceptes exposés tout à l'heure sur la péroraison.

20° SUJET.

Un professeur célèbre, terminant des leçons d'histoire naturelle par un discours de clôture, invite ses élèves à se livrer à cette étude, à cause du bonheur qu'elle doit leur procurer : et dans sa péroraison il cite quelques naturalistes comme y ayant trouvé le charme de leur vie ; il cite même ceux qui ont péri victimes de leur amour pour la science, comme Pline et La Péyrouse ; puis, revenant en peu de mots sur les deux principaux éléments du bonheur de l'homme, la vertu d'abord, et puis la science, il engage ses jeunes auditeurs à se souvenir quelquefois de lui quand il ne sera plus.

Faites cette péroraison.

---

§ 11. GENRES DE DISCOURS CHEZ LES MODERNES. — ÉLOQUENCE SACRÉE.

QUESTIONS THÉORIQUES.

1. Comment les modernes distinguent-ils les *discours?*

2. Donnez un exemple?

3. Quels sont les genres principaux auxquels nous rapportons nos discours?

4. Quelles connaissances l'orateur sacré doit-il joindre aux qualités brillantes et solides de l'esprit?

5. Comment appelle-t-on ces connaissances?

6. Qu'est-ce que le *sermon?*

7. Quelles sont les fins de la prédication, suivant saint Augustin?

8. Quelles sont les règles du sermon?

9. Quel est notre premier grand sermonnaire?

10. Quel est le plus célèbre après Bourdaloue?

EXERCICES.

21ᵉ SUJET.

Quand je parle de l'hypocrisie, ne pensez pas que je la borne à cette espèce particulière qui consiste dans l'abus de la piété et qui fait les faux dévots. Je la prends dans un sens plus étendu, et d'autant plus utile à votre instruction, que peut-être, malgré vous-mêmes, serez-vous obligés de convenir que c'est un vice qui ne vous est que trop commun, car j'appelle *hypocrite* quiconque, sous de spécieuses apparences, a le secret de cacher les désordres d'une vie criminelle; or, en ce sens, on ne peut douter que l'hypocrisie ne soit répandue dans toutes les conditions, et que parmi les mondains il ne se trouve encore bien plus d'imposteurs et d'hypocrites que parmi ceux que nous nommons dévots.

En effet, combien dans le monde de scélérats travestis en gens d'honneur! combien d'hommes corrompus et pleins d'iniquités, qui se produisent avec tout le faste et toute l'ostentation de la probité! combien de fourbes insolents à vanter leur sincérité! combien de traîtres habiles à sauver les dehors de la fidélité et de l'amitié! combien de sensuels esclaves des passions les plus infâmes, en possession d'affecter la pureté des mœurs et de la pousser jusqu'à la sévérité! combien de femmes libertines fières sur le chapitre de leur réputation, et, quoique engagées dans un commerce honteux, ayant le talent de s'attirer toute l'estime d'une exacte et parfaite régularité! Au contraire, combien de justes faussement accusés et condamnés! combien de serviteurs de Dieu, par la malignité du siècle, décriés et calomniés! combien de dévots de bonne foi traités d'*hypocrites*, d'*intrigants* et d'*intéressés!* combien de vraies vertus contestées! combien de bonnes œuvres censurées! combien d'intentions droites mal expliquées! et combien de saintes actions empoisonnées! (Bourdaloue, *Sermon sur le jugement de Dieu.*)

ANALYSE.

Montrez que ces lignes appartiennent à un sermon et qu'elles en ont bien le caractère.

---

§§ 12 ET 13. PANÉGYRIQUE, ORAISON FUNÈBRE.

QUESTIONS THÉORIQUES.

1. Qu'est-ce que le *panégyrique ?*
2. Qu'était-ce chez les anciens?
3. Qu'est-ce que le *panégyrique chrétien?*
4. Comment peut-il remplir son double objet?
5. Le panégyrique doit-il être une histoire?
6. Que doit-on dire du plan du panégyrique?
7. Quels sont nos principaux panégyristes?
8. Que fait l'orateur dans l'oraison funèbre?
9. En ce sens qu'elle loue les actions ou le rang des hommes, l'oraison funèbre appartient-elle à l'éloquence sacrée?
10. Quand commença l'usage des éloges funèbres?
11. Quand les Romains ouvrirent-ils cette carrière à l'éloquence?
12. Cet usage fut-il longtemps observé?
13. Ces oraisons funèbres des anciens ressemblaient-elles aux nôtres?
14. Que demande chez nous le genre de l'oraison funèbre?
15. Qu'est-ce que le texte d'une oraison funèbre?
16. Les preuves sont-elles bannies de l'oraison funèbre?
17. Quand l'oraison funèbre a-t-elle été portée à la plus grande perfection?
18. Quel est l'orateur à qui en est due la principale gloire?
19. Quel est l'orateur qui suit Bossuet?

E. 2

EXERCICES.

22ᵉ SUJET.

Venez maintenant, pécheurs, quels que vous soyez, en quelques régions écartées que la tempête de vos passions vous ait jetés ; fussiez-vous dans ces terres ténébreuses dont il est parlé dans l'Écriture et dans l'ombre de la mort ; s'il vous reste quelque pitié de votre âme malheureuse, venez voir d'où la main de Dieu a retiré la princesse Anne; venez voir où la main de Dieu l'a élevée. Quand on voit de pareils exemples dans une princesse d'un si haut rang, dans une princesse qui fut mère d'une impératrice, et unie par ce lien à tant d'empereurs ; sœur d'une puissante reine, épouse d'un fils de roi, mère de deux grandes princesses ; dont l'une est un ornement dans l'auguste maison de France, et l'autre s'est fait admirer dans la puissante maison de Brunswick ; enfin, dans une princesse dont le mérite passe la naissance, encore que sortie d'un père et de tant d'aïeux souverains, elle ait réuni en elle avec le sang de Gonzague et de Clèves celui des Paléologues, celui de Lorraine et celui de France par tant de côtés ; quand Dieu joint à ces avantages une égale réputation, et qu'il choisit une personne d'un si grand éclat pour être l'objet de son éternelle miséricorde, il ne se propose rien moins que d'instruire tout l'univers. Vous donc qu'il assemble en ce saint lieu, et vous principalement, pécheurs dont il attend la conversion avec une si longue patience, n'endurcissez pas vos cœurs, ne croyez pas qu'il vous soit permis d'apporter seulement à ce discours des oreilles curieuses. Toutes les vaines excuses dont vous couvrez votre impénitence vous vont être ôtées. Ou la princesse palatine portera la lumière dans vos yeux, ou elle fera tomber comme un déluge de feu la vengeance de Dieu sur vos têtes. (Bossuet, *Oraison funèbre d'Anne de Gonzague.*)

ANALYSE.

Montrez sur cet extrait qu'il appartient à une oraison funèbre, qu'il en a tout le caractère, et que c'est bien une oraison funèbre selon l'idée chrétienne et non selon l'idée païenne, c'est-à-dire à la façon des anciens.

§ 14. ÉLOQUENCE DU BARREAU.

QUESTIONS THÉORIQUES.

1. Quelle est la fonction de l'avocat?

2. Que lui faut-il pour bien remplir son office?

3. Comment appelle-t-on cette science qui lui est indispensable, et qu'il doit regarder comme le fondement de l'édifice?

4. Y a-t-il quelques autres lieux?

5. N'y a-t-il pas encore une étude importante pour l'avocat?

6. L'avocat a-t-il besoin d'une connaissance assez étendue des belles-lettres?

7. En laissant de côté ici les *mercuriales*, quelles matières embrassent les discours du barreau?

8. Que fait-on dans les *plaidoyers?*

9. Que fait l'avocat qui défend?

10. Faut-il un exorde dans les plaidoyers?

11. Qu'y a-t-il à dire de la péroraison?

12. Quel doit être le style dans les plaidoyers?

13. Qu'est-ce qu'une *consultation?*

14. Qu'est-ce que les *mémoires à consulter?*

15. Qu'est-ce que les *rapports de procès?*

16. Quels sont chez les Grecs les plus illustres orateurs qui se sont distingués dans l'éloquence du barreau?

17. Qu'y a-t-il eu chez les Romains?

18. Qu'y a-t-il eu en France?

EXERCICES.

23e SUJET.

Le maréchal de Biron, accusé de haute trahison, à ses juges :
— Je vous ai rétablis, messieurs, sur les fleurs de lis, d'où les saturnales de la Ligue vous avaient chassés. Ce corps, qui dépend de vous aujourd'hui, n'a veine qui n'ait saigné pour vous. Cette main, qui a écrit ces lettres produites contre moi, a fait tout le contraire de ce qu'elle écrivait.

Il est vrai, j'ai écrit, j'ai pensé, j'ai dit, j'ai parlé plus que je ne devais faire. Mais où est la loi qui punit de mort la légèreté de la langue et le mouvement de la pensée? Ne pouvais-je pas desservir le roi en Angleterre et en Suisse? Cependant j'ai été irréprochable dans ces deux ambassades : et si vous considérez avec quel cortége je suis venu, dans quel état j'ai laissé les places de Bourgogne, vous reconnaîtrez la confiance d'un homme qui compte sur la parole de son roi, et d'un sujet bien éloigné de se rendre souverain dans son gouvernement.

J'ai voulu mal faire; mais ma volonté n'a point passé les bornes d'une première pensée, enveloppée dans les nuages de la colère et du dépit : et ce serait chose bien dure que l'on commençât par moi à punir les pensées. La reine d'Angleterre m'a dit que si le comte d'Essex eût demandé pardon, il l'aurait obtenu. Je le demande aujourd'hui : le comte d'Essex était coupable, et moi je suis innocent.

Est-il possible que le roi ait oublié mes services? ne se souvient-il plus du siége d'Amiens, où il m'a vu tant de fois couvert de feu et de plomb, courir tant de hasards pour donner ou pour recevoir la mort? Le cruel! il ne m'a jamais aimé que tant qu'il a cru que je lui étais nécessaire. Il éteint le flambeau en mon sang après qu'il s'en est servi. Mon père a souffert la mort pour lui mettre la couronne sur la tête : j'ai reçu quarante blessures pour la maintenir, et pour récompense, il m'abat la tête des épaules ! C'est à vous, messieurs, d'empêcher une injustice qui déshonorerait son règne, et de lui conserver son serviteur, à l'État un bon guerrier, et au roi d'Espagne un grand ennemi. (Mézerai, *Histoire de France.*)

Examinez ce discours, montrez à quel genre il appartient, indiquez et classez les moyens mis en œuvre par l'orateur.

§ 15. ÉLOQUENCE DÉLIBÉRATIVE.

QUESTIONS THÉORIQUES.

1. Que comprend l'éloquence *délibérative* ?

2. L'éloquence délibérative s'étend-elle à d'autres intérêts que les intérêts politiques ?

3. Est-elle toujours la même ?

4. Y a-t-il beaucoup de modèles d'éloquence délibérative ?

5. Où en trouve-t-on ensemble de nombreux exemples ?

6. Où a-t-on réuni les discours des historiens anciens ?

7. L'éloquence politique existe-t-elle en France ?

8. Y a-t-il eu d'autres orateurs célèbres que ceux de la Révolution ?

EXERCICES.

24e SUJET.

Élisabeth, reine d'Angleterre, répond à l'ambassadeur de Marie Stuart, qui demandait qu'elle la fît déclarer dans son parlement héritière présomptive de la couronne : La reine, votre maîtresse, et les grands du royaume d'Écosse, me font remontrer, par votre bouche, que cette princesse est née du sang des rois d'Angleterre, nos communs ancêtres, et qu'elle a droit de me succéder. Toute l'Europe sait que jamais je ne l'ai attaquée là-dessus, non pas même lorsqu'on l'a vue

entreprendre sur ma succession, se l'attribuer, prendre les
armes et les titres de mes royaumes. J'ai voulu croire que ce
procédé venait moins d'elle que de ceux au pouvoir de qui elle
était ; et cette insulte ne m'a point portée, ni à tenter, pendant
son absence, la fidélité de ses sujets, ni à troubler le repos de
son État, ni à m'opposer à son retour.

J'ai mis un ordre à mes affaires qui me donne lieu de croire
sans trop de présomption que je mourrai reine d'Angleterre.
Savoir qui me succédera, c'est au Seigneur à y pourvoir ; savoir
qui a le droit de me succéder, c'est ce que je n'ai pas encore eu
la curiosité d'examiner. Il y a sur cela des lois sur lesquelles je
m'en repose, et dont je n'ai pas intention de rompre le cours.
Si elles sont favorables à la reine d'Écosse, je m'en réjouis par
avance avec elle, et je ne crois pas que personne ose lui con-
tester une couronne qu'une succession légitime lui fera échoir.
Vous connaissez ceux qui le pourraient faire, et vous jugez,
par le peu de moyens que leur en fournit la fortune, du peu
qu'on aurait á craindre si les lois leur étaient contraires. Je
ne pourrais savoir mauvais gré aux grands et à la noblesse
d'Écosse du zèle qu'ils font paraître pour une reine qui le mérite, de veiller à la conservation de ses droits, et de chercher
tous les moyens d'établir entre elle et moi une amitié indis-
soluble.

J'ai répondu à l'article des droits ; à celui de l'amitié, je ré-
ponds que c'est une erreur de s'imaginer que si la reine, votre
maîtresse, était déclarée mon héritière, nous en vécussions
plus en paix. Ce serait, au contraire, une source de démêlés.
Elle deviendrait le refuge de tous les mécontents du royaume;
et peut-être se laisserait-elle aller à être l'appui des inquiets.
Je ne crois pas lui faire injure de cette défiance ; je l'ai de moi-
même : je ne voudrais pas bien répondre que j'aimasse mon
héritier. Nous avons de si grands exemples, et chez nous et chez
nos voisins, de cette bizarrerie de l'esprit humain, que je
n'oserais me flatter d'en être exempte. Il me semble que se
pourvoir d'un héritier ou d'un tombeau est à peu près la même
chose ; et je ne me sens pas d'humeur à faire faire mes funérailles par avance. (Le P. d'Orléans, *Révolution d'Angleterre.*)

ANALYSE.

Examinez ce discours, dites à quel genre il appartient,
faites-en connaître les diverses parties.

25ᵉ SUJET.

Quelques-uns des amis du duc de Guise ne voyaient pas sans frayeur son extrême audace et la patience du roi. Ils l'exhortaient à ne point abuser de la fortune; ils lui représentaient le danger auquel des entreprises téméraires allaient exposer sa femme et ses enfants encore en bas-âge. Il leur répond qu'ayant perdu lui-même son père de très-bonne heure, cela ne l'a pas empêché de s'agrandir, et de le venger; quant à ses enfants, qu'il remet à Dieu le soin de les conserver. Mais que leur amour ne doit pas l'arrêter, et que s'il meurt, c'est à eux de se faire leur fortune, et de se montrer dignes de leur père.

Faites ce discours.

---

§ 16. ÉLOQUENCE ACADÉMIQUE. — DISCOURS DE RÉCEPTION ET DE CÉRÉMONIE.

QUESTIONS THÉORIQUES.

1. Que désigne-t-on en général dans le monde, sous le nom d'*éloquence académique*?

2. Quels sont les ouvrages compris sous ce nom?

3. Les éloges historiques appartiennent-ils à l'éloquence proprement dite?

4. Quels sont les vrais discours académiques?

5. Est-ce tout que les discours d'apparat?

6. Dans quel style sont écrits ces discours?

7. De quoi s'est composé pendant longtemps tout discours de réception à l'Académie française?

8. Que devait-il résulter d'un pareil usage?

9. Voltaire n'a-t-il rien fait de nouveau lors de son entrée à l'Académie?

10. Sur quoi roulent les discours indiqués par les académies?

11. Qu'a fait Duclos?

EXERCICES.

26e SUJET.

Quelque peu d'usage que l'homme fasse de ses lumières pour s'étudier soi-même, il découvre les faiblesses et les dérégle-ments dont il est rempli. Aussitôt sa raison cherche à y remé-dier, touchée naturellement d'un désir de perfection qui lui reste de l'ancienne grandeur où elle s'est vue élevée. Mais que peut-elle maintenant, incertaine, aveugle, pleine d'erreurs, digne elle-même d'être comptée pour une des misères de l'homme? Elle ne sait que combattre des défauts par des dé-fauts, ou guérir des passions par des passions ; et les vains remèdes qu'elle fournit sont des maux d'autant plus grands et plus incurables, qu'elle est intéressée à ne les plus reconnaître pour des maux, et qu'elle s'est séduite elle-même en leur fa-veur.

En vain, pendant plusieurs siècles, la Grèce, si fertile en es-prits subtils, curieux et inquiets, produisit ces sages qui fai-saient une profession téméraire d'enseigner à leurs disciples l'art d'être heureux et de se rendre plus parfaits. En vain la diversité infinie de leurs sentiments, qui sera à jamais la honte des simples lumières naturelles, épuisa tout ce que la raison humaine pouvait pour les hommes. L'effet des plus grands efforts de la philosophie ne fut que de changer les vices que produit la nature corrompue en de fausses vertus, qui étaient, s'il se peut, des marques encore plus certaines de corruption. Un homme du commun ou ignore, ou reconnaît ses défauts avec assez de simplicité pour les rendre en quelque sorte excusa-bles ; au lieu qu'un philosophe païen, fier d'avoir acquis les siens à force de méditation et d'étude, leur donnait tous ses applaudissements. (Fontenelle, *Discours couronné en 1685.*)

ANALYSE.

Montrez sur ce début les principaux caractères du style académique.

27e SUJET.

Définissez l'homme de lettres ; représentez-le étudiant l'anti-quité, en rapportant chez nous ce qu'il y a trouvé de meilleur ;

comptant pour peu les règles étroites de quelques critiques, et appréciant, au contraire, la variété des génies dans celle des ouvrages; puisant enfin dans ses réflexions comme dans celles des autres, ne s'isolant pas du monde, et dans les diverses carrières que lui ouvre la littérature, applaudissant au succès des autres, loin d'en être jaloux.

28e SUJET.

La Motte, dans son discours de réception à l'Académie française, veut louer cette compagnie savante. Il admire ses ouvrages; mais, craignant que les contemporains ne soient trop près de l'Académie, il s'en suppose éloigné et demande ce que la postérité y verra; et il y trouve : 1° des historiens ; 2° des orateurs; 3° des poëtes; 4° des traducteurs; 5° des philosophes et des théologiens. Il fait de chacune de ces catégories un éloge tout à fait approprié au genre de talent qui les caractérise, et conclut en disant que telle sera l'Académie au jugement de l'avenir.

Faites cette partie de son discours.

CHAPITRE III,

LETTRES MISSIVES. — GENRE ÉPISTOLAIRE.

§ 17. INFINIE VARIÉTÉ DES SUJETS ET DES FORMES DES LETTRES. — CLASSIFICATION.

QUESTIONS THÉORIQUES.

1. Existe-t-il réellement *un genre épistolaire?*

2. Montrez qu'il n'y a rien dans les lettres qui nous donne l'idée d'un genre littéraire.

3. Comment faire alors pour étudier les lettres ?

4. L'analogie entre les lettres et les discours est-elle évidente?

5. N'a-t-on pas essayé d'introduire une division parmi les lettres?

6. Que sont les lettres philosophiques?

7. Qu'appelle-t-on lettres familières?

8. Ne les a-t-on pas encore partagées en divers ordres?

EXERCICES.

29e SUJET.

Brossette, ayant témoigné à Boileau le désir de publier un commentaire sur ses œuvres, entretint avec lui un commerce de lettres où il le questionnait sur le vrai sens de quelques-uns de ses vers, sur l'occasion de quelques mots ou quelques jugements. De plus, habitant Lyon, sa patrie, il envoyait quelquefois à Boileau des produits du pays : des fromages, des jambons, etc. Boileau, qui était presque toujours en retard avec lui, répondait à la fin : le 7 janvier 1703, il remerciait 1° Brossette des fromages qui lui étaient annoncés, mais qu'il n'avait pas encore reçus, et lui disait en badinant que cette générosité l'élevait bien au-dessus de la tourbe des commentateurs; 2° il lui donnait quelques renseignements sur la *Clélie*, roman de Mlle de Scudéri, et blâmait ce mauvais genre, où la véritable histoire est constamment travestie; 3° il rappelait qu'au milieu du siècle précédent, on reconnaissait dans la *Clélie* les personnages alors vivants que l'auteur avait voulu peindre; 4° il ajoutait que cette manie de faire des anciens semblables à nous avait envahi le théâtre même, et citait en preuve un passage de tragédie de Quinaut.

Faites cette lettre.

30e SUJET.

Le marquis de Feuquières, disgracié par Louis XIV pour avoir parlé trop librement, écrit, douze heures avant de mourir, à ce prince, pour lui témoigner son regret de s'être attiré sa disgrâce, et lui demander de porter sa bienveillance sur un fils unique, qu'il laisse sans biens et sans appui.

§ 18. CONSEILS SUR L'ART DE FAIRE UNE LETTRE.

QUESTIONS THÉORIQUES.

1. Quel conseil peut-on donner sur l'art d'écrire une lettre?

2. Quel style doit-on prendre?

3. N'y a-t-il pas deux excès à éviter dans le style épistolaire?

4. Qu'y a-t-il à dire sur les plaisanteries?

5. Que faites-vous s'il s'agit de lettres d'*affaires*?

6. Que ferez-vous dans les lettres de *demande*?

7. Que ferez-vous dans les lettres de *recommanda-tion*?

8. Que dites-vous des lettres de *condoléance*?

9. Que dites-vous des lettres de *reproches*?

10. Comment faut-il faire une lettre d'*excuses*?

11. Que direz-vous des lettres de *bonne année*?

12. N'y a-t-il pas des lettres de *conseils*?

13. Où place-t-on la *date* des lettres?

14. Où met-on le titre de la personne à qui on écrit?

15. A qui donne-t-on le titre de *Monseigneur*?

16. Comment désigne-t-on les mots placés sur une ligne séparée du corps de la lettre?

17. Comment termine-t-on la première page et commence-t-on la seconde?

18. A qui donne-t-on la ligne?

19. N'évite-t-on pas la seconde personne dans quelques occasions?

20. Comment finit-on une lettre?

21. Que fait-on si la personne occupe une position assez élevée pour qu'on évite avec elle la seconde personne?

22. Que fait-on si la lettre est adressée à un égal ou à un inférieur ?

23. Peut-on charger ses supérieurs de quelques commissions ?

24. Comment s'établit la suscription ou adresse des lettres ?

25. Ne redouble-t-on pas les titres sur les adresses des lettres ?

EXERCICES.

31e SUJET.

Lettre de Mme de Maintenon à Mme Fouquet sur la perte d'un fils tout jeune (4 septembre 1659). — Madame, la perte que vous venez de faire est une perte publique par la part que la cour et la ville y prennent. Si quelque chose pouvait en adoucir l'amertume, ce serait sans doute la preuve que ce triste événement vous donne de l'estime que toute la France a pour vous et pour M. le surintendant. La mort du duc d'Anjou n'aurait pas été plus pleurée. Pour moi, madame, qui suis votre redevable à tant de titres, j'ai bien plus besoin de consolations que je ne suis en état d'en donner. J'aimais cet enfant avec des tendresses infinies. J'avais souvent lu dans ses yeux une félicité et une gloire à laquelle Dieu n'a pas voulu qu'il parvînt. Que son saint nom soit sanctifié. Le ciel vous l'a ravi, madame, il ne vous l'a ravi que pour le rendre plus heureux.

ANALYSE.

Examinez, classez et appréciez cette lettre.

32e SUJET.

Lettre de Voltaire à Mlle Clairon sur la tragédie d'Oreste (1750). — Vous avez dû recevoir, mademoiselle, un changement très-léger, mais qui est très-important. Je ne crois pas m'aveugler ; je vois que tous les véritables gens de lettres rendent justice à cet ouvrage, comme on le rend à vos talents. Ce n'est que par un examen continuel et sévère de moi-même, ce n'est que par une extrême docilité pour de sages conseils, que je parviens chaque jour à rendre la pièce moins indigne des charmes que vous lui prêtez. Si vous aviez le quart de la docilité dont je fais gloire, vous ajouteriez des perfections bien singulières à celle dont vous ornez votre rôle. Vous vous diriez à vous-même quel effet prodigieux font les contrastes, les inflexions de voix, les passages du débit rapide à la déclamation douloureuse, les silences après la rapidité, l'abattement morne et s'exprimant d'une voix basse après les éclats que donne l'espérance ou qu'a fournis l'emportement. Vous auriez l'air abattu, consterné, les bras collés, la tête un peu baissée ; la parole basse, sombre, entrecoupée.... En observant ces petits artifices de l'art, en parlant quelquefois sans déclamer, en nuançant ainsi les belles couleurs que vous jetez sur le personnage d'Électre, vous arriveriez à cette perfection à laquelle vous touchez, et qui doit être l'objet d'une âme noble et sensible. La mienne se sent faite pour vous admirer et pour vous conseiller. Mais si vous voulez être parfaite, songez que personne ne l'a jamais été sans écouter des avis, et qu'on doit être docile à proportion de ses grands talents.

ANALYSE.

Dites à quel genre appartient cette lettre ; montrez l'art avec lequel elle est composée.

---

§ 10. PRINCIPAUX ÉCRIVAINS ÉPISTOLAIRES.

QUESTIONS THÉORIQUES.

1. Y a-t-il eu de tout temps des écrivains épistolaires ?

2. Les Latins nous ont-ils laissé quelques recueils de lettres ?

3. Avons-nous en France des correspondances célèbres ?

4. Quelle est la femme la plus renommée parmi nous par ses lettres ?

EXERCICES.

33ᵉ SUJET.

Ma fille, il faut que je vous conte; c'est une radoterie que je
ne puis éviter. Je fus hier au service de M. le chevalier
Séguier à l'Oratoire. Ce sont les peintres, les sculpteurs, les
musiciens et les orateurs qui en ont fait la dépense, en un mot
les quatre arts libéraux. C'était la plus belle décoration qu'on
pût imaginer. Le Brun avait fait le dessin; le mausolée touchait
à la voûte, orné de mille lumières et de plusieurs figures convenables à celui qu'on voulait louer. Quatre squelettes en bas
étaient chargés des marques de sa dignité, comme lui ayant ôté
les honneurs avec la vie. L'un portait son mortier, l'autre sa
couronne de duc; l'autre son ordre, l'autre les masses de chancelier. Les quatre arts étaient éplorés et désolés d'avoir perdu
leur protecteur, la peinture, la musique, l'éloquence et la
sculpture. Quatre vertus soutenaient la première représentation, la force, la justice, la tempérance et la religion. Quatre
anges ou quatre génies recevaient, au-dessus, cette belle âme.
Le mausolée était encore orné de plusieurs anges qui soutenaient une chapelle ardente, laquelle tenait à la voûte. Jamais
il ne s'est rien vu de si magnifique et de si bien imaginé; c'est
le chef-d'œuvre de Le Brun. Toute l'église était parée de tableaux, de devises et d'emblèmes qui avaient rapport aux armes ou à la vie du chancelier. Mlle de Verneuil (fille de
Séguier), voulait acheter toute cette décoration à un prix
excessif. Ils ont tous en corps résolu d'en parer une galerie, et
de laisser cette marque de leur reconnaissance et de leur magnificence à l'éternité. L'assemblée était belle et grande, mais
sans confusion. J'étais auprès de M. de Tulle (Mascaron), de
M. Colbert et de M. de Monmouth. Il est venu un jeune père
de l'Oratoire pour faire l'oraison funèbre. J'ai dit à M. de Tulle
de le faire descendre et de monter à sa place, et que rien ne
pouvait soutenir la beauté du spectacle que la force de son éloquence. Ma fille, ce jeune homme a commencé en tremblant;
tout le monde tremblait aussi. Il a débuté par un accent pro-
vençal; il est de Marseille; il s'appelle Léné; mais en sortant
de son trouble il est entré dans un chemin si lumineux, il a si
bien établi son discours, il a donné au défunt des louanges si
mesurées, il a passé par tous les endroits délicats avec tant

d'adresse, il a si bien mis dans tout son jour tout ce qui pouvait être admiré, il a fait des traits d'éloquence et des coups de maître si à propos et de si bonne grâce, que tout le monde, je dis tout le monde, s'en est écrié ; et chacun était charmé d'une action si parfaite et si achevée. C'est un homme de vingt-huit ans, intime ami de M. de Tulle, qui l'emmène dans son diocèse. Nous le voulions nommer le *Chevalier Mascaron*, mais je crois qu'il surpassera son aîné.

Pour la musique, c'est une chose qu'on ne peut expliquer. Lulli avait fait un dernier effort de toute la musique du roi. Ce beau *Miserere* y était encore augmenté ; il y eut un *Libera* où tous les yeux étaient pleins de larmes, et je ne crois point qu'il y ait une autre musique dans le ciel.

Il y avait beaucoup de prélats. J'ai dit à Guitaut : Cherchons un peu notre ami *Marseille*, nous ne l'avons pas vu. Je lui ai dit tout bas : Si c'était l'oraison funèbre de quelqu'un qui fût vivant, il n'y manquerait pas. Cette folie a fait rire Guitaut sans aucun respect pour la pompe funèbre.

Ma chère enfant, quelle espèce de lettre est-ce ceci ? — Je pense que je suis folle. A quoi peut servir une si grande narration ? — Vraiment, j'ai bien satisfait le désir que j'avais de conter. (Mme de Sévigné, 6 mai 1672.)

ANALYSE.

Examinez, classez et appréciez cette lettre.

34e SUJET.

Louis-Auguste de Bourbon, duc du Maine, fils de Louis XIV et de Mme de Montespan, remis aux soins de Mme de Maintenon, montra des dispositions si heureuses, que dès l'âge de sept ans, on put imprimer un petit volume de ses œuvres. Mme de Maintenon l'envoya à Mme de Montespan ; en l'accompagnant d'une lettre dédicatoire, où elle mêlait si bien les louanges du jeune prince, de sa mère et du roi, que Bayle a pu dire : « Cette épître est tournée de la manière la plus délicate ; il semble qu'on n'y touche pas ; cependant on loue jusqu'au vif. »

Faites cette lettre, en ayant bien soin d'y éviter toutes les louanges directes.

CHAPITRE IV.

GENRE DIDACTIQUE.

§ 20. DÉFINITION. — DIVISION DU CHAPITRE. — TRAITÉS DE SCIENCES. — HISTOIRE DE CES OUVRAGES.

QUESTIONS THÉORIQUES.

1. Que signifie *didactique?*
2. Quels ouvrages comprend le genre didactique?
3. Y a-t-il plusieurs de ces ouvrages?
4. Qu'est-ce que les *traités?*
5. Qu'a-t-on à faire dans un traité?
6. En quoi consiste le mérite de ces sortes d'ouvrages?
7. Qu'est-ce que la *méthode?*
8. Peut-on, dans un ouvrage didactique, passer sous silence les premiers principes, sous prétexte qu'ils sont connus?
9. N'y aurait-il pas un plus grand défaut encore?
10. N'y a-t-il pas quelque exception à ces principes d'une méthode rigoureuse?
11. Quelle est la règle générale relativement à la méthode?
12. Qu'a-t-on à dire du *style* dans un traité?
13. L'auteur ne doit-il pas, autant qu'il est possible, simplifier les règles?
14. Ne doit-il pas aussi appuyer ses règles par un grand nombre d'exemples choisis?

15. Les anciens nous ont-ils laissé quelques traités excellents?

16. N'y en a-t-il pas un dans les œuvres de Lucien?

17. Que nous est-il resté de Longin?

18. Parmi les Latins, n'avons-nous pas de Cicéron des ouvrages didactiques?

19. Qu'a fait Quintilien?

20. Avons-nous beaucoup de traités en France?

EXERCICES.

35e SUJET.

Le *Petit traité de rhétorique et de littérature* étant un ouvrage didactique, exposez-en le plan, et examinez si la méthode qui y est suivie satisfait aux conditions indiquées tout à l'heure.

33e SUJET.

Par l'*accent prosodique* on entend une inflexion de la voix qui s'élève ou qui s'abaisse. Quelquefois aussi et l'on élève d'abord et l'on abaisse ensuite la voix sur une même syllabe. Voilà ce qui forme trois accents que les grammairiens appellent l'*aigu*, le *grave* et le *circonflexe*: l'*aigu* qui élève la voix, le *grave* qui l'abaisse, et le *circonflexe* qui, étant composé des deux, sert à l'élever d'abord et à la rabaisser ensuite sur une même syllabe. Voilà, dis-je, ce qu'entendent d'une manière uniforme et sans autre éclaircissement ceux qui ont traité de la prosodie des Grecs. Mais une syllabe n'étant qu'une voyelle, ou seule, ou jointe à d'autres lettres articulées par une simple émission de voix, quelques grammairiens ont demandé comment il était possible de hausser et de baisser successivement le ton sur une même syllabe? Apparemment les Grecs n'y trouvaient aucune difficulté; mais le célèbre Sanctius, à qui l'on peut bien s'en rapporter, prétend que l'accent *circonflexe* n'a point subsisté dans la langue latine; et je doute qu'il puisse être d'usage dans la nôtre, si ce n'est dans quelques syllabes où domine une diphthongue. (D'Olivet, *Prosodie française*, art. 2.)

Dans tout mot de plusieurs syllabes, il y en a une sur laquelle on appuie plus fortement que sur les autres. Cette élévation est ce qu'on appelle *accent tonique* ou simplement *accent*, en grec προσῳδία, en latin *accentus*, *tonus*, *tenor*, *fastigium*, *apex*, *acumen*, *cacumen*.

Ce principe fondamental de l'accent est le même pour toutes les langues; elles diffèrent quant à la place de ces accents : les unes lui assignent trois places, la dernière syllabe, la pénultième et l'antépénultième; tels sont le grec et l'italien. D'autres ne donnent que deux places à l'accent. De ce nombre est le français qui le met toujours sur la dernière quand cette syllabe est sonore, et sur la pénultième quand la dernière est muette, *vertu*, *vertueuse*. (M. Quicherat, *Traité de versification latine*, chap. XL.)

ANALYSE COMPARATIVE.

Comparez ces deux explications relatives au même phénomène : car ce que d'Olivet appelle ici *accent prosodique*, c'est ce que plus ordinairement on nomme *accent tonique*.

---

§ 21. ARTICLES DE CRITIQUE. — PRINCIPES GÉNÉRAUX. — POLÉMIQUE.

QUESTIONS THÉORIQUES.

1. Pourquoi les ouvrages de *critique*, en matière de littérature, se rapportent-ils au genre didactique?
2. Quel est l'objet du critique?
3. Quelles qualités doit avoir la critique littéraire?
4. Comment est-elle éclairée?
5. Qu'est-ce que l'*analyse d'un ouvrage*?
6. Suffit-il d'avoir lu un ouvrage?
7. Comment la critique est-elle *judicieuse*?
8. Comment la critique est-elle *équitable*?
9. Que faut-il pour que la critique soit *impartiale*?
10. Qu'est-ce que juger *avec prévention*?

11. Que faut-il pour juger *sans passion ?*

12. Que signifie que la critique est *polie* ou *honnête ?*

13. Y avait-il des critiques chez les anciens ?

14. Avons-nous beaucoup de critiques en France ?

15. Citez ici les auteurs ou les ouvrages les plus connus, et qui s'occupent de matières purement littéraires.

16. Qu'est-ce que la *polémique ?*

17. La polémique doit-elle être polie ?

EXERCICES.

37ᵉ SUJET.

M. de La Motte dit « qu'on reproche quelque bassesse à Homère, par exemple, la comparaison d'Ajax assiégé par une foule de combattants et qui se retire à regret du champ de bataille, à un âne que des enfants chassent d'un pré à coups de pierres, et qui mange encore l'herbe en se retirant. » Voilà déjà la comparaison très-mal exposée et entièrement défigurée par ce pré et par cette herbe qu'il plaît à M. de La Motte de faire manger à l'âne. Homère ne parle nullement d'un pré. Il parle d'une pièce de blé. Il ne dit point que l'âne mange encore l'herbe en se retirant, mais qu'il abat une infinité d'épis à droite et à gauche et qu'il fait un affreux dégât dans cette moisson. Que M. de La Motte n'entende ni le grec ni le latin, cela est pardonnable. Mais il devrait au moins entendre le français. Je me flatte que cette image était assez bien rendue dans ma traduction. Mais c'est la coutume de ces rares critiques. Ils ont grand soin de déshonorer les passages qu'ils citent, en les traduisant bassement et platement. (Mme Dacier, *Des causes de la corruption du goût*, p. 222.)

ANALYSE CRITIQUE.

Examinez cette critique, surtout par rapport aux qualités qui sont exigées dans ce genre d'ouvrages.

38ᵉ SUJET.

La comédie des *Femmes savantes*, qui est mise par les connaisseurs dans le rang du *Tartufe* et du *Misanthrope*, attaquait un ridicule qui ne semblait propre à réjouir ni le peuple ni la cour, à qui ce ridicule paraissait également étranger. Elle fut reçue d'abord assez froidement ; mais les connaisseurs rendirent bientôt à Molière les suffrages de la ville, et un mot du roi lui donna ceux de la cour. L'intrigue qui, en effet, a quelque chose de plus plaisant que celle du *Misanthrope*, soutint la pièce plus longtemps.

Plus on la vit, plus on admira comment Molière avait pu jeter tant de comique sur un sujet qui paraissait fournir plus de pédanterie que d'agrément.

Tous ceux qui sont au fait de l'histoire littéraire de ce temps-là savent que Ménage y est joué sous le nom de *Vadius*, et que *Trissotin* est le fameux abbé Cotin, si connu par les satires de Despréaux. Ces deux hommes étaient, pour leur malheur, ennemis de Molière : ils avaient voulu persuader au duc de Montausier que *le Misanthrope* était fait contre lui ; quelque temps après, ils avaient eu chez Mademoiselle, fille de Gaston de France, la scène que Molière a si bien rendue dans *les Femmes savantes*. Le malheureux Cotin écrivait également contre Ménage, contre Molière et contre Despréaux. Les satires de Despréaux l'avaient déjà couvert de honte : mais Molière l'accabla. *Trissotin* était appelé aux premières représentations *Tricotin*. L'acteur qui le représentait avait affecté, autant qu'il avait pu, de ressembler à l'original par la voix et par le geste. Enfin, pour comble de ridicule, les vers de *Trissotin* sacrifiés sur le théâtre à la risée publique étaient de l'abbé Cotin même.

S'ils avaient été bons, et si leur auteur avait valu quelque chose, la critique sanglante de Molière et celle de Despréaux ne lui eussent pas ôté sa réputation. Molière lui-même avait été joué aussi cruellement sur le théâtre de l'hôtel de Bourgogne, et n'en fut pas moins estimé : le vrai mérite résiste à la satire. Mais Cotin était bien loin de se pouvoir soutenir contre de telles attaques.

On dit qu'il fut si accablé de ce dernier coup, qu'il tomba dans une mélancolie qui le conduisit au tombeau. Les satires de Despréaux coûtèrent aussi la vie à l'abbé Cassagne. Triste effet d'une liberté plus dangereuse qu'utile, et qui flatte plus la malignité humaine qu'elle n'inspire le bon goût! La meilleure satire qu'on puisse faire des mauvais poëtes, c'est de donner d'excellents ouvrages. Molière et Boileau n'avaient pas besoin d'y ajouter les injures. (Voltaire, *Vie de Molière* avec de petits sommaires de ses pièces, 1734.)

ANALYSE.

Dites ce que vous pensez de ce sommaire de la pièce des *Femmes savantes*.

§ 22. DIALOGUE PHILOSOPHIQUE.

QUESTIONS THÉORIQUES.

1. Donne-t-on toujours la forme didactique aux ouvrages d'enseignement?

2. Comment s'appelle ce genre d'écrire?

3. Comment fait-on pour exposer la vérité?

4. Quel doit être le style dans un dialogue philosophique?

5. Cette forme peut-elle s'étendre à divers sujets?

6. Nous reste-t-il des dialogues des Grecs?

7. Quel auteur grec en a fait après Platon?

8. Quel est le principal auteur de dialogues chez les Latins?

9. Citez quelques auteurs qui en aient fait chez nous.

EXERCICES.

39º SUJET.

A. Eh bien! monsieur, vous venez donc d'entendre le sermon où vous vouliez me mener tantôt? Pour moi, je me suis contenté du prédicateur de notre paroisse.

B. Je suis charmé du mien. Vous avez bien perdu, monsieur, de n'y être pas. J'ai arrêté une place pour ne manquer aucun sermon du carême. C'est un homme admirable...

A. Puisque j'ai tant perdu et que vous êtes plein de ce beau sermon, vous pouvez, monsieur, me dédommager. De grâce, dites-nous quelque chose de ce que vous avez retenu...

B. Voici le texte : *Cinerem tanquam panem manducabam*, je mangeais la cendre comme mon pain. Peut-on trouver un texte plus ingénieux pour le jour des Cendres ? Il a montré que, selon ce passage, la cendre doit être aujourd'hui la nourriture de nos âmes : puis il a enchâssé dans son avant-propos, le plus agréablement du monde, l'histoire d'Artémise sur les cendres de son époux. Sa chute à son *Ave Maria* a été pleine d'art. Sa division était heureuse. Vous en jugerez. Cette cendre, dit-il, quoiqu'elle soit un signe de pénitence, est un principe de félicité ; quoiqu'elle semble nous humilier, elle est une source de gloire; quoiqu'elle représente la mort, elle est un remède qui donne l'immortalité. Il a repris cette division en plusieurs manières, et chaque fois il donnait un nouveau lustre à ses antithèses. Le reste du discours n'était ni moins poli, ni moins brillant. La diction était pure, les pensées nouvelles, les périodes nombreuses. Chacune finissait par quelque trait surprenant. Il a fait une anatomie des passions du cœur humain qui égale les maximes de M. de La Rochefoucauld. Enfin, selon moi, c'était un ouvrage achevé. Mais vous, monsieur, qu'en pensez-vous ?

A. Je crains de vous parler sur ce sermon et de vous ôter l'estime que vous en avez. On doit respecter la parole de Dieu, profiter de toutes les vérités qu'un prédicateur a expliquées, et éviter l'esprit de critique de peur d'affaiblir l'autorité du ministère.

B. Non, monsieur, ne craignez rien, ce n'est point par curiosité que je vous questionne : j'ai besoin d'avoir là-dessus de bonnes idées. Je veux m'instruire solidement, non-seulement pour mes besoins, mais pour ceux d'autrui ; car ma profession m'engage à prêcher. (Fénelon, *Dialogues sur l'éloquence.*)

ANALYSE.

Dites ce que c'est que ce début, et ce que vous en pensez.

40ᵉ SUJET.

La vieillesse de Louis XIV fut extrêmement triste et chagrine. Mme de Maintenon ne réussissait pas toujours à éloigner l'ennui qui dévorait son mari. Elle-même y succombait. Elle se rappela toujours la célèbre Ninon de Lenclos, avec qui elle avait été liée dans sa jeunesse, et la pria de la venir voir en secret à Versailles. Elle voulait lui proposer de lui donner un logement auprès d'elle pour jouir quelquefois de sa conversation, et retrouver ainsi cette ancienne gaieté perdue depuis son élévation.

Commencez sur ce sujet un dialogue entre ces deux anciennes amies.

CHAPITRE V.

OUVRAGES HISTORIQUES.

§ 23. DÉFINITION. — DIVISION DU CHAPITRE. — CHOIX, ARRANGEMENT ET RÉCIT DES FAITS; DIGRESSIONS.

QUESTIONS THÉORIQUES.

1. Qu'est-ce que l'*histoire*?
2. Quelle est la matière de l'histoire?
3. Comment le choix de l'historien doit-il s'exercer?
4. Quel est le premier devoir de l'historien?
5. Que fera l'historien après avoir recueilli les faits intéressants et vrais dont il doit composer son ouvrage?
6. Quelle est la *forme de l'histoire?*
7. Dans quel ordre faut-il placer les événements?

8. Faut-il à l'historien un esprit d'une grande élévation, et en même temps une instruction très-éten-
due?

9. Comment l'historien rendra-t-il la narration
vive?

10. Après la brièveté, y a-t-il encore une condition?

11. Les digressions sont-elles absolument interdites
à l'historien?

———

EXERCICES.

41ᵉ SUJET.

Lorsque Cyrus eut subjugué cette nation, il lui prit envie de
réduire les Massagètes. On dit que ces peuples forment une
nation considérable, et qu'ils sont braves et courageux. Leur
pays est à l'est au delà de l'Araxe, vis-à-vis des Issédons....

L'Araxe, selon quelques-uns, est plus grand que l'Ister (le
Danube); selon d'autres, il est plus petit. On dit qu'il y a dans
ce fleuve beaucoup d'îles dont la grandeur approche de celle
de Lesbos; que les peuples qui les habitent se nourrissent l'été
de diverses sortes de racines, et qu'ils réservent pour l'hiver les
fruits mûrs qu'ils trouvent aux arbres. On dit aussi qu'ils ont
découvert un arbre dont ils jettent le fruit dans un feu autour
duquel ils s'assemblent par troupes; qu'ils en aspirent la vapeur
par le nez, et que cette odeur les enivre comme le vin enivre
les Grecs; que plus ils jettent de ce fruit dans le feu, plus ils
s'enivrent, jusqu'à ce qu'enfin ils se lèvent et se mettent tous
à chanter et à danser. Quant à l'Araxe, il vient du pays des
Matiéniens. Il a quarante embouchures qui, si l'on en excepte
une, se jettent toutes dans des lieux marécageux et pleins de
fange, où l'on prétend qu'habitent des hommes qui vivent de
poissons crus, et sont dans l'usage de s'habiller de peaux
de veaux marins. Cette bouche unique dont je viens de parler, se rend dans la mer Caspienne par un canal propre et
net. (Hérodote, liv. 1, traduit par Larcher.)

ANALYSE.

Dites ce que c'est que ce morceau, dans l'histoire

d'Hérodote, et montrez à ce propos un des caractères de sa narration.

42e SUJET.

Les plus grands hommes sont sujets à faire des fautes, et Charles le Sage en fit une qui troubla la fin de son règne. Le duc de Bretagne, dépouillé de ses États, fugitif en Angleterre, lui parut une victime facile à immoler. Les courtisans le flattaient de l'espérance de réunir ce duché à la couronne; il voyait dans Montfort un ennemi irréconciliable. Résolu de le pousser à bout, il le fit citer à la cour de Paris, sans observer les formes légales. L'ajournement ne fut point signifié au duc. On ne lui envoya point de sauf-conduit. Charles parla lui-même au parlement contre son vassal, et conclut à confisquer ses terres. Les seigneurs bretons se liguèrent pour prévenir l'exécution d'un arrêt qu'ils jugeaient contraire aux droits et au bien de leur patrie. Le peuple, auparavant soulevé contre Montfort, passa de la haine au plus vif attachement, aimant mieux obéir à un duc de Bretagne qu'à un roi de France. Ce prince renouvela ses traités avec l'Angleterre, revint dans ses États, y fut reçu comme un libérateur. Quelque embarrassé que fût le roi par cette révolution imprévue, il était trop avancé pour ne pas soutenir sa démarche. Mais il le fit faiblement, et le peu de troupes qu'il envoya n'eut aucun succès. (Millot, *Histoire de France.* Charles V.)

ANALYSE.

Dites ce que l'on remarque dans ce morceau.

———

§§ 24 et 25. CARACTÈRES DES PERSONNAGES.— STYLE DE L'HISTOIRE.

QUESTIONS THÉORIQUES.

1. Est-ce assez que l'historien décrive les événements et les circonstances qui les accompagnent?

2. Faut-il rechercher les détails sur la physionomie, la taille, la démarche des grands hommes?

E. 3

3. Que doit-on préférer à ces descriptions des dehors de la personne ?

4. Quel doit être le texte de l'histoire ?

5. Les historiens n'ont-ils pas employé de temps en temps la forme dramatique pour égayer la monotonie du récit ?

6. Ne cite-t-on pas quelquefois les paroles des personnages, soit textuellement, soit en les résumant ?

7. Qu'entend-on par *pensées* dans l'histoire ?

8. Ne préfère-t-on rien à ces réflexions ?

9. Quelle est la véritable fonction de l'historien ?

10. Quel doit être le ton de l'histoire ?

11. Quelle est la principale qualité du style historique ?

12. Le style historique ne doit-il pas être proportionné au sujet ?

EXERCICES.

43ᵉ SUJET.

C'était Christiern II qui venait de succéder au roi Jean, son père ; jeune prince d'une humeur sombre et farouche, défiant, soupçonneux, courageux par colère et par emportement, peu touché de la gloire, et qui n'allait à la guerre que pour avoir le plaisir de voir répandre du sang. Sa naissance et l'élection des Danois lui avaient donné deux couronnes : mais contraint par des lois et par la majesté du sénat, il se croyait peu heureux en Danemark ; et il envisageait au contraire la Suède comme un royaume où, à la faveur de ses armes et par le droit de ses conquêtes, il serait peut-être un jour en état de faire reconnaître sa volonté pour unique loi. (Vertot, *Révolutions de Suède.*)

ANALYSE.

Dites ce que c'est que ce morceau et ce que vous en pensez.

44ᵉ SUJET.

Micipsa, roi de Numidie, sentant sa fin prochaine, fit venir ses amis et ses parents, ainsi que ses deux fils, Adherbal et Hiempsal, et en présence de tous, il tint ce discours à Jugurtha, qu'il avait par son testament nommé son héritier conjointement avec ses enfants : « La mort de ton père t'avait laissé, Jugurtha, presque au berceau, sans aucun rang, sans aucune distinction, lorsque je t'approchai de ma couronne, persuadé que mes bienfaits m'obtiendraient dans ton cœur la même tendresse que je pouvais attendre des enfants que la nature m'avait donnés. Tu n'as point trompé mon espoir, et pour ne point parler des autres exploits mémorables qui ont signalé ton courage, dernièrement, au siége de Numance, tu as illustré de ta gloire mon royaume et moi ; ta valeur a resserré les nœuds d'amitié qui nous unissent avec les Romains ; tu as renouvelé en Espagne le nom de ma famille ; enfin, ce qui est un prodige ici-bas, à force de gloire tu as triomphé de l'envie. Maintenant, puisque la nature a marqué le terme de mes jours, je viens par cette main que je presse, par la fidélité que tu dois à ton roi, te demander, te conjurer de chérir ces enfants que la nature a faits tes parents, et qui par moi sont devenus tes frères. Pourquoi irais-tu chercher des amis étrangers au lieu de cultiver ceux que le sang t'a donnés d'avance ? Non, ce ne sont ni les armées, ni les trésors qui sont les plus fermes appuis des trônes : ce sont de vrais amis ; et on ne les conquiert pas avec des armes, on ne les achète point avec de l'or. Ils sont le fruit des bons offices et de l'attachement. Or, un frère peut-il avoir un meilleur ami que son frère ? Et de quel étranger pourra-t-on se promettre l'attachement, si l'on a commencé par être l'ennemi des siens ? Mes enfants, je vous laisse un royaume bien affermi, si votre conduite est sage ; bien chancelant, si elle ne l'est point. Avec la concorde les plus faibles États prospèrent ; les plus puissants croulent par la discorde. Jugurtha, c'est à toi surtout, qui as plus d'âge et de lumières, de prévenir un pareil malheur. Dans toutes les querelles, le plus fort, quand il serait l'offensé, a toujours, par sa supériorité, l'air d'être l'agresseur. Et vous, Adherbal, Hiempsal, honorez, respectez ce grand homme ; imitez ses vertus, et qu'on ne puisse jamais dire que l'adoption m'a fait plus heureux père que la nature. (Salluste, *Catilina*, trad. de Dureau de La Malle.)

Gustave parut ensuite dans l'assemblée des Dalécarliens avec une noble fierté qui, étant tempérée par la douleur qu'il faisait paraître de la mort de son père et de tous les sénateurs, attirait tout ensemble le respect et la compassion de tous ces paysans. Il leur représenta, d'une manière vive et touchante, les derniers malheurs de leur patrie; que tous les sénateurs et que les principaux seigneurs du royaume venaient d'être massacrés par les ordres barbares de Christiern; que ce prince cruel avait fait égorger les magistrats et la plupart des bourgeois de Stockholm; que les troupes, répandues ensuite dans les provinces, y commettaient tous les jours mille violences; qu'il avait résolu, pour assurer sa domination, d'exterminer indifféremment tous ceux qui étaient capables de défendre la liberté de la patrie; qu'on n'ignorait pas combien ce prince haïssait les Dalécarliens, dont il avait éprouvé la valeur et le courage pendant le règne du dernier administrateur; qu'ils lui étaient trop redoutables pour n'avoir pas tout à craindre d'un prince si perfide et si cruel : qu'on avait appris que, sous prétexte de quartier d'hiver, il devait faire passer des troupes dans leur province pour les désarmer, et qu'ils verraient au premier jour leurs ennemis, maîtres de leurs villages, disposer insolemment de leurs vies et de leur liberté, s'ils ne les prévenaient par une généreuse résolution ; que leurs pères et leurs ancêtres avaient toujours préféré la liberté à la vie ; que toute la Suède jetait les yeux sur eux pour voir s'ils marcheraient sur leurs traces, et s'ils en avaient hérité la haine qu'ils avaient toujours fait paraître contre la domination étrangère ; qu'il était venu leur offrir sa vie et son bien pour la défense de leur liberté; que ses amis et tous les véritables Suédois se joindraient à eux au premier mouvement qu'ils feraient paraître; qu'il était assuré d'ailleurs d'un secours considérable des anciens alliés de la Suède, mais que, quand même ils n'auraient pas des troupes égales en nombre à celles des Danois, ils étaient encore trop forts, ayant la mort de leurs compatriotes à venger et leur propre vie à défendre; et que pour lui, il aimait mieux la perdre l'épée à la main que de l'abandonner lâchement à la discrétion d'un ennemi perfide et cruel. (Vertot, *Révolutions de Suède.*)

ANALYSE COMPARÉE.

Comparez ces deux discours, non pas quant au fond des idées, mais par rapport à leur forme.

§§ 26 ET 27. DIFFÉRENTES SORTES D'HISTOIRES.— HISTOIRE SACRÉE, HISTOIRE ECCLÉSIASTIQUE. — HISTOIRE PROFANE.

QUESTIONS THÉORIQUES.

1. Ne distingue-t-on pas plusieurs sortes d'histoires?

2. L'histoire naturelle est-elle du même genre que les autres histoires?

3. Combien y a-t-il donc d'espèces d'histoires?

4. Comment se partage l'*Histoire de la religion?*

5. Que comprend l'*Histoire sainte?*

6. Que comprend l'*Histoire ecclésiastique?*

7. L'historien y est-il inspiré comme dans l'histoire sainte?

8. Quelles qualités doit avoir celui qui écrit l'histoire ecclésiastique?

9. Quel auteur peut-on citer dans ce genre?

10. Qu'est-ce que l'*Histoire profane?*

11. Comment divise-t-on l'histoire profane?

12. Comment la divise-t-on par rapport à l'étendue du sujet?

13. Comment divise-t-on l'histoire par rapport aux époques?

14. Qu'est-ce que l'*Histoire générale?*

15. Quels sont, chez les anciens, les auteurs qui se sont proposé d'écrire une histoire générale?

16. Qu'était-ce que *Polybe?*

17. Qu'était-ce que *Diodore?*

18. Qu'était-ce que *Trogue-Pompée?*

19. Quelles sont, chez nous, les histoires générales?

20. N'avons-nous pas dans ce genre deux auteurs originaux, et tous les deux d'un grand mérite, quoi-

qu'ils aient rédigé leurs ouvrages dans un esprit opposé?

21. Qu'est-ce que le *Discours* de Bossuet *sur l'histoire universelle?*

EXERCICES.

45e SUJET.

Rome fut d'abord soumise à des rois. Brutus y établit le consulat et la liberté. On ne recourait à la dictature qu'au besoin. La puissance des décemvirs ne fut reconnue que pendant deux années. Les tribuns militaires revêtus du pouvoir des consuls durèrent peu, ainsi que la domination de Sylla et que celle de Cinna. L'autorité de Pompée et de Crassus ne tarda pas à passer tout entière à César, et le pouvoir militaire de Lépide et d'Antoine à Auguste, qui, profitant de l'abattement où la discorde avait jeté la république, réunit tous les genres de pouvoir en sa personne, sous le nom de prince. D'illustres auteurs nous ont transmis les succès et les revers de l'ancien peuple romain. Le siècle d'Auguste produisait encore des génies capables d'orner cette partie de notre histoire, mais la flatterie, qui faisait tous les jours des progrès, les détourna d'en écrire la fin. Ce qu'on a rapporté de Tibère, de Caïus, de Claude et de Néron, a été dicté par la crainte pendant leur vie, ou par le ressentiment après leur mort. Ainsi, j'ai résolu de dire peu de choses d'Auguste, n'appuyant que sur les dernières actions de ce prince, et de détailler les quatre autres règnes. Je suis trop éloigné de ces temps pour qu'on me soupçonne de partialité. (Tacite, *Annal.*, I, i, tr. de Dotteville.)

ANALYSE.

Dites ce que c'est que ce morceau, à quelle espèce d'histoire il appartient; montrez-le par le raisonnement.

46e SUJET.

L'histoire de l'Europe remplira presque tout cet ouvrage, et nous n'y ferons entrer que ce qu'il est nécessaire de savoir pour se diriger soi-même dans l'étude particulière des nations. Quel-

ques coups d'œil jetés de temps en temps sur les autres parties
du monde, donneront des idées générales qui doivent fixer le
jugement sur l'état de l'univers. Parcourons rapidement les
premiers siècles, car il suffit presque d'observer l'origine des
choses dans les ténèbres de la barbarie. Saisissons le fil des
principaux événements sans nous asservir à l'ordre chronolo-
gique, d'où naîtrait la confusion plutôt que la clarté. Il importe
de connaître, non la date précise des faits, mais leur rapport
avec le genre humain, avec le bonheur ou le malheur de la société. L'ordre des choses est préférable sans doute à celui des
temps; et dans l'immensité des choses, il faut se borner à celles
dont nous pouvons tirer des lumières. Vérité, utilité; c'est où
se dirige notre étude.

Dans la première partie de cet ouvrage, nous avons suivi
l'histoire de l'empire romain jusqu'au temps de Mahomet. Nous
avons vu les conquêtes, les premiers établissements des barbares, surtout des Ostrogoths en Italie, et les révolutions qu'ils
essuyèrent sous Justinien. Ces objets ont un rapport particulier
avec l'ancienne Rome. Nous remonterons ici un peu au delà du
terme où nous étions parvenus, mais sans répétition, uniquement parce que l'ordre des matières semble l'exiger. (Millot,
Histoire moderne.)

ANALYSE.

Dites ce que c'est que ce morceau, à quelle espèce
d'histoire il appartient, et appliquez-y les connaissances
acquises jusqu'ici.

---

§ 28. HISTOIRE NATIONALE.

QUESTIONS THÉORIQUES.

1. Qu'est-ce que l'*Histoire nationale?*

2. Que faut-il pour bien faire l'histoire complète
d'une nation?

3. Une histoire nationale embrasse-t-elle nécessairement toute la durée d'une nation?

4. Donnez des exemples sur les historiens grecs.

5. N'y a-t-il pas aussi des histoires qui se bornent à un seul événement important?

6. Dans quel genre les anciens se sont-ils particulièrement distingués?

7. N'y a-t-il rien à dire sur cette opinion que les Anciens nous sont supérieurs dans l'histoire?

8. Quels sont les historiens célèbres chez les Grecs?

9. Qu'était-ce qu'*Hérodote?*

10. Qu'était-ce que *Thucydide?*

11. Qu'était-ce que *Xénophon?*

12. Quels sont les historiens célèbres chez les Romains?

13. Qu'était-ce que *Salluste?*

14. Qu'était-ce que *Tite Live?*

15. Qu'était-ce que *Tacite?*

16. Avons-nous aussi en France quelques historiens remarquables?

17. Quels écrivains cite-t-on ordinairement?

18. Qu'a fait *Sarrazin?*

19. Qu'a fait *Saint-Réal?*

20. Qu'a fait *Vertot?*

21. Qu'a fait *Montesquieu?*

EXERCICES.

47ᵉ SUJET.

On a vu que les sept conjurés qui avaient fait mourir le mage, étaient convenus que celui d'entre eux dont le cheval, en un certain jour marqué, hennirait le premier au lever du soleil, serait déclaré roi, et que celui de Darius, par l'industrie et l'ingénieuse précaution de son écuyer, lui avait procuré cet honneur. Il voulut transmettre aux siècles futurs sa reconnaissance pour cet insigne bienfait, et se fit ériger une statue équestre avec cette inscription: *Darius, fils d'Hystaspe, a acquis le royaume de Perse par le moyen de son cheval* (le nom en était marqué), *et d'Orbatès, son écuyer.* Il y a dans cette inscription, où l'on ne rougit point de devoir a un cheval et à un écuyer un bienfait tel que la royauté, que l'on aurait, ce semble, intérêt de faire regarder comme le fruit d'un mérite extraordinaire; il y a, dis-je, dans cette inscription, une simplicité et une sincérité qui ressent tout à fait le caractère des temps anciens et qui est fort éloignée du faste des nôtres. (Rollin, *Hist. anc.*, l. VI, chap. I, § 1er.)

ANALYSE CRITIQUE.

Dites ce que c'est que ce passage; examinez cette narration et la réflexion que Rollin y ajoute, et dites ce que vous en pensez.

48e SUJET.

Les Espagnols, quelque ressentiment qu'ils eussent de cette injure (reçue des Vénitiens), ne le témoignèrent point pendant que Henri IV vécut. Les obligations que ce prince avait aux Vénitiens étaient trop connues, et le soin qu'il avait pris de leurs intérêts dans leur différend avec la cour de Rome ne l'était pas moins. Mais sa mort ayant mis les Espagnols en liberté, il ne fallut plus qu'un prétexte.

Une troupe de pirates, nommés les *Uscoques*, s'étaient établis dans les terres que la maison d'Autriche possède sur la mer Adriatique, et qui sont contiguës aux Vénitiens. Ces brigands, ayant fait un nombre infini de violences aux sujets de la république, furent protégés par l'arch.duc Ferdinand de Grætz, souverain de ce pays, et depuis empereur. C'était un prince fort religieux; mais ses ministres partageaient le butin avec les Uscoques, et comme ils étaient dévoués à la cour d'Espagne, ils se servirent de cette occasion pour la venger des Vénitiens.

L'empereur Matthias, touché des justes plaintes de la république, accommoda cette brouillerie à Vienne, au mois de février de l'année 1612. Mais cet accord fut si mal observé du côté de l'archiduc, qu'il en fallut venir à une guerre ouverte, où il ne remporta pas tous les avantages que les Espagnols s'étaient promis.

Les Vénitiens réparèrent aisément, par leur conduite, les pertes qu'ils firent dans quelques petits combats. Comme ils n'avaient rien à craindre des Turcs, ils pouvaient soutenir cette guerre mieux que l'archiduc. Ce prince était pressé par l'empereur de faire la paix, parce que le Grand Seigneur menaçait la Hongrie; et il avait besoin d'épargner des sommes considérables pour favoriser son élection au royaume de Bohême, qui fut faite bientôt après. Les Espagnols auraient bien voulu lui donner les moyens de continuer la guerre; mais Charles-Emmanuel, duc de Savoie, à qui ils la faisaient en même temps, ne leur permettait pas de séparer leurs forces; et comme ce duc recevait de la république des sommes considérables en argent, ils ne purent jamais le détacher d'avec elle.

Le conseil d'Espagne était fort indigné de trouver les Vénitiens en tête partout. Le génie doux et paisible du roi Philippe III et du duc de Lerme, son favori, ne leur suggérait aucune voie pour sortir de cet embarras. Mais un ministre qu'ils avaient en Italie, et qui n'était pas si modéré qu'eux, entreprit de les en tirer. C'était don Alphonse de La Cueva, marquis de Bedmar, ambassadeur ordinaire à Venise, l'un des plus puissants génies et des plus dangereux esprits que l'Espagne ait jamais produits. (Saint-Réal, *Conjuration des Espagnols contre Venise.*)

ANALYSE.

Dites ce que c'est que ce morceau; montrez les qualités qui le distinguent.

§ 29. BIOGRAPHIE.

QUESTIONS THÉORIQUES.

1. Qu'appelle-t-on *biographie?*
2. Que doit faire l'historien dans une biographie?
3. Quel avantage ont les *vies* des hommes illustres?
4. Le genre de la biographie est-il bien ancien?
5. Quels sont les principaux biographes chez les Grecs?
6. Quels sont chez les Romains les biographes célèbres?

7. Que sont les six auteurs de l'*Histoire auguste?*
8. Avons-nous aussi chez nous des biographes?
9. Quels sont les plus célèbres?

EXERCICES.

49ᵉ SUJET.

Or, après que Pausanias eut esté puny de mort, on trouva
entre ses papiers quelques lettres et escriptures qui rendoient
Thémistocles fort suspect; et crioient d'un costé les Lacédæmoniens contre luy, et d'autre costé ses envieux le chargeoient et
accusoient aussi à Athènes en son absence : ausquels il respon-
dit par lettres du commencement. Car il escrivit au peuple
qu'il n'estoit point vraysemblable que luy qui cherchoit par
toute voye à dominer, et qui n'estoit point nay pour servir, ny
n'en avoit aucune volonté, eust onques pensé de vendre sa
liberté ny celle de la Grèce aux barbares ennemis. Ce néant-
moins le peuple, à la suscitation de ses malvueillans, envoya
gens pour le saisir au corps, afin de le représenter en l'assemblée des Estats de la Grèce, pour y estre jugé par le conseil.
De quoi luy, ayant de bonne heure senty le vent, passa en
l'isle de Corfou, à cause que la ville luy estoit tenue et obligée
pour quelque plaisir qu'il leur avoit autrefois fait. Car eux
ayant quelque différend contre ceux de Corinthe, il appaisa leur
querelle en donnant sa sentence en leur faveur, et condamnant
les Corinthiens à l'amende de vingt talens envers eux, et ordon-
nant qu'ils jouiroient en commun de l'isle de Leucade, comme
ayant esté peuplée des habitans de l'une et de l'autre ville ensemble.

De là il s'enfuit en Épire, là où estant poursuivy par les
Athéniens et par les Lacédæmoniens, il fut contraint de se jeter
en une espérance fort doubteuse et bien dangereuse; car il
s'alla rendre entre les mains du roy des Molossiens, Admetus,
lequel ayant autrefois requis quelque chose aux Athéniens,
avoit esté assez honteusement esconduit de sa requeste par le
moyen de Thémistocles, qui lors estoit au plus fort de son cré-
dit; dont ce roy fut fort indigné contre luy; et estoit tout évi-
dent que si lors il l'eust pu avoir entre ses mains, il l'eust mal

traicté. Toutefois, en la calamité de l'exil où il se trouvoit, il estima que la malvueillance jà envieillie de ce roy estoit moins à craindre pour luy, que la haine et l'envie toute fraische de ses citoyens. (Plutarque, *Vie de Thémistocle*, trad. d'Amyot.)

ANALYSE.

Dites ce que c'est que ce passage, et montrez à quelle espèce d'histoire il appartient.

---

§ 30. MÉMOIRES ; HISTOIRE LITTÉRAIRE.

QUESTIONS THÉORIQUES.

1. Qu'appelle-t-on *Mémoires ?*

2. Les anciens ont-ils eu quelques auteurs célèbres qui aient écrit dans ce genre ?

3. Les Français ont-ils aussi des auteurs célèbres dans ce genre ?

4. Qu'est-ce que l'*histoire littéraire*, qui serait plus exactement nommée l'*histoire des littérateurs, des savants et des artistes ?*

5. Quel est dans ce genre le principal devoir de l'historien ?

6. Que faut-il pour qu'il remplisse avec succès ce devoir de caractériser les auteurs par leurs ouvrages ?

7. Qu'est-ce que l'*Histoire de l'Académie française ?*

8. Que distingue-t-on particulièrement dans cette histoire ?

9. Quels sont entre ces éloges historiques ceux qui sont le plus cités ?

10. Y a-t-il aussi une histoire de l'Académie des inscriptions et belles-lettres ?

11. Y en a-t-il une aussi pour l'Académie des sciences ?

EXERCICES.

50e SUJET.

Ma pensée plut à M. le cardinal de Richelieu : et cela, joint aux bons offices que M. le grand maître me rendait tous les jours auprès de lui, fit qu'il parla avantageusement de moi en deux ou trois occasions; qu'il témoigna un étonnement obligeant de ce que je ne lui avais jamais fait la cour, et qu'il ordonna même à M. de Lingendes, qui a été depuis évêque de Mâcon, de me mener chez lui.

Voilà la source de ma première disgrâce ; car, au lieu de répondre à ses avances et aux instances que M. le grand maître me fit pour m'y obliger, je ne les payai toutes que de très-méchantes excuses. Je fis le malade, j'allai à la campagne ; enfin j'en fis assez pour laisser voir que je ne voulais pas m'attacher à M. le cardinal de Richelieu, qui était un très-grand homme, mais qui avait au souverain degré le faible de ne point mépriser les petites choses. Il le témoigna en ma personne, car l'*Histoire de la conjuration de Jean-Louis de Fiesque*, que j'avais faite à dix-huit ans, ayant échappé en ce temps-là des mains de Lauzières, à qui je l'avais confiée seulement pour la lire, et ayant été portée à M. le cardinal de Richelieu par Boisrobert, il dit tout haut, en présence du maréchal d'Estrées et de Senneterre : « Voilà un dangereux esprit. » Le second le dit dès le soir même à mon père, et je me le tins comme dit à moi-même. (*Mémoires* du cardinal de Retz.)

ANALYSE.

Dites à quelle sorte d'ouvrage appartient ce paragraphe. Montrez-en le caractère général, et faites voir qu'il convient bien au genre d'histoire dont il s'agit.

51e SUJET.

Très-peu de temps après son attaque d'apoplexie, M. de Linné dressa lui-même une courte notice de sa vie et il voulut qu'elle fût envoyée à l'Académie (des sciences de France, dont il était associé étranger), pour servir de matériaux à son éloge.

C'est avec une égale simplicité qu'il y parle de ses travaux, de
ses découvertes, ou qu'il convient de ses défauts. Il avoue qu'il
fut peut-être trop facile à s'émouvoir ou à s'irriter ; que, lent à
embrasser une opinion, il tenait peut-être avec trop d'opiniâ-
treté à celles qu'il avait une fois adoptées ; qu'il ne souffrit
avec assez de modération, ni les critiques qui s'élevèrent contre lui, ni les contradictions qu'il trouva de la part de ses rivaux. Ces aveux prouvent seulement que M. de Linné eut pour
la gloire une passion véritable, et que cette passion a, comme
toutes les autres, ses excès et ses faiblesses. Mais combien peu
d'hommes ont comme lui le courage d'avouer ces faiblesses, et
surtout le courage plus rare d'en souffrir seuls et en secret! car,
en jugeant M. de Linné d'après sa conduite, personne ne l'eût
soupçonné de ces défauts ; et pour qu'ils fussent connus, il a
fallu qu'il les révélât. (Condorcet, *Éloge de M. de Linné.*)

ANALYSE.

Dites d'où sont extraites ces lignes ; indiquez-en le
caractère, et montrez comment les pensées exprimées
ici conviennent à ce genre d'histoire.

52e SUJET.

Un auteur de la fin du xviie siècle raconte l'histoire des progrès de notre théâtre jusqu'à Corneille, aussi bien quant au
matériel de la représentation que quant à la facture des pièces.
Il met ensemble : 1° les tombereaux des Grecs et les pièces de
Thespis ; 2° le théâtre mieux construit et les pièces de Sophocle, Euripide, Aristophane ; 3° chez nous un théâtre semblable à celui des charlatans du Pont-Neuf, et des pièces qui
méritaient tout au plus le nom de parades ; 4° un théâtre
éclairé par quelques chandelles, où les acteurs entraient en
soulevant une tapisserie, avec un misérable orchestre, et les
pièces de Garnier et de Hardy, suivies d'une farce souvent
graveleuse. Alors parut la *Silvie* de Mairet, qui fut regardée
comme un chef-d'œuvre, puis la *Sophonisbe* du même auteur,
et la *Mariamne* de Tristan, et le théâtre s'embellissait toujours.
Enfin vinrent les pièces de Corneille et les opéras.

Faites cette narration.

53ᵉ SUJET.

Il est peu de contrastes plus frappants que celui qui se présente en comparant entre eux ces deux illustres rivaux (Descartes et Gassendi). Il n'y eut pas moins d'opposition entre les caractères de leurs esprits qu'entre les principes de leurs doctrines. Le génie de Descartes, plein d'originalité, d'énergie et d'audace, aspirait en tout à être créateur ; la raison de Gassendi, resserrée, prudente, calme, investigatrice, s'attachait en tout à juger sainement. Descartes, renfermé en lui-même, s'efforçait de reconstruire la science entière avec les seules forces de la méditation ; Gassendi, observant la nature, étudiant les écrits des sages de tous les siècles, s'efforçait d'ordonner les faits et d'obtenir un choix éclairé entre les opinions. Le premier, procédant à la manière des géomètres, demandait à quelques principes simples une longue étendue de corollaires ; le second, imitant les naturalistes, rassemblait un grand nombre de données, pour tirer de leur comparaison une solide conséquence. Le premier montrait une habileté admirable dans l'art de former un système ; le second excellait dans la critique des systèmes d'autrui. L'un, dogmatiste absolu, aimait à parler en maître, peut-être parce qu'il éprouvait une conviction profonde, et ne supportait pas la contradiction sans impatience ; l'autre, dialecticien exercé, démêlait avec art les objections, se défiait aussi de lui-même, et se rendait facilement aux doutes qui lui étaient présentés. L'un fit de grandes et de véritables découvertes, et s'égara dans de téméraires hypothèses ; l'autre rassembla un grand nombre de vérités partielles, et détruisit surtout un grand nombre d'erreurs. L'un, déployant toute la hardiesse de la synthèse, s'éleva plus haut qu'aucun des modernes qui l'avaient précédé dans la région transcendantale des sciences ; l'autre, employant toute la sagacité de l'analyse, choisit, assembla les matériaux propres à servir de base à l'édifice, et en examina la solidité. (De Gérando.)

ANALYSE.

Dites à quel genre d'histoire appartient cette comparaison, et quelle en est la forme.

§ 31. ABRÉGÉS D'HISTOIRE.

QUESTIONS THÉORIQUES.

1. N'a-t-on pas fait, ne fait-on pas aujourd'hui surtout, un grand nombre d'*abrégés d'histoire* ?

2. Ces ouvrages ont-ils quelque utilité ?

3. Quelle est la condition pour qu'ils soient bons ?

4. Quels sont les principaux abréviateurs chez les Romains ?

5. Quels sont les meilleurs d'entre eux ?

6. Avons-nous aussi de bons abrégés ?

7. Qu'a fait l'abbé Millot ?

8. Dans quel genre d'histoire les abrégés sont-ils surtout demandés ?

9. Les dictionnaires biographiques sont-ils une invention moderne ?

10. D'où vient le mérite de ces ouvrages ?

11. Qu'arrive-t-il à mesure que l'ouvrage diminue de volume ?

EXERCICES.

54ᵉ SUJET.

A Vitellius succède Vespasien, élu empereur dans la Palestine, prince de basse extraction, il est vrai, mais digne d'entrer en parallèle avec les meilleurs monarques. Sa vie privée fut illustre. Envoyé par Claude en Germanie, puis dans la Grande-Bretagne, il avait livré trente-deux batailles, soumis deux puissantes nations, pris vingt villes, et ajouté, comme conquête à l'empire, l'île de Vecta, voisine de la Grande-Bretagne. A Rome il se conduisit avec la plus grande modération : trop avide d'argent peut-être, mais sans en dépouiller injustement personne, il l'amassait à force de soins, et mettait le plus grand zèle à combler de largesses surtout la classe indigente. Nul souve-

rain ne se montra plus généreux ni plus juste. Il était si doux
et si bon qu'il ne punissait que de l'exil les coupables de lèse-
majesté. Sous son règne, la Judée est réunie à l'empire, ainsi
que Jérusalem, capitale de la Palestine. L'Achaïe, la Lycie,
Rhodes, Byzance, Samos, restées libres avant cette époque, la
Thrace, la Cilicie, la Comagène, obéissant à des rois alliés, sont
réduites en provinces romaines. Oubliant les injures et les
offenses, Vespasien n'oppose que la douceur aux propos outra-
geants que lançaient contre lui les avocats et les philosophes.
Toutefois, il réprimait avec exactitude l'indiscipline militaire.
Il triompha de Jérusalem avec son fils Titus. Chéri du sénat et
du peuple à cause de ses bonnes qualités, objet enfin de l'affec-
tion et de l'amour de tout le monde, il meurt de dyssenterie
dans sa villa, près du pays des Sabins, dans sa soixante-
neuvième année, après un règne de neuf ans et sept jours. On
le mit au rang des dieux : il avait si bien deviné d'avance l'ho-
roscope de son fils, qu'après de nombreuses conspirations contre sa personne, qu'il découvrit et méprisa sans jamais en parler,
il dit dans le sénat qu'il serait remplacé par son fils, ou qu'il ne
le serait par personne. (Eutrope, l. VII, c. 13.)

ANALYSE.

Montrez que cette biographie de Vespasien est extraite
d'un abrégé d'histoire romaine, ou du moins qu'elle est
elle-même un abrégé.

55e SUJET.

ANAXILAS Ier, roi de Rhégium, était originaire de Messénie.
Il rendit sa capitale florissante, en y attirant, vers l'an 625
avant J. C. les Messéniens, qui n'avaient pas voulu se soumettre
aux Lacédémoniens.

ANAXILAS II, roi de Rhégium, vers l'an 494 avant J. C.,
chassa de Zancle les Samiens qui s'en étaient emparés, y conduisit une colonie, et donna à cette ville le nom de *Messine*, en
mémoire de la patrie de ses ancêtres, qui étaient Messéniens.
Il mourut l'an 476 avant J. C.

ANAXIMANDRE, philosophe ionien, né à Milet vers l'an 610
avant J. C., mort vers 547. Il établit l'infini pour premier principe de tout ; il enseigna que la lune reçoit sa lumière du soleil, et que la terre est ronde ; il construisit une sphère et in-

venta les cartes géographiques. On lui attribue aussi l'invention du cadran solaire.

Anaximène de Milet, philosophe ionien, disciple et successeur d'Anaximandre, florissait vers l'an 550 avant J. C. Il regardait l'air comme le principe de toutes choses, principe divin, éternel, infini, toujours en mouvement. Selon lui le soleil est plat, la terre est plate et soutenue par l'air. De ce dernier élément sont nés tous les corps. Il mourut vers l'an 500 avant J. C. (M. Bouillet, *Dict. univ. d'hist. et de géograph.*)

ANALYSE.

Dites de quelle sorte d'ouvrage sont tirées ces lignes, et montrez-en la parfaite convenance avec l'objet de l'auteur.

CHAPITRE VI.

CONTES, ROMANS, NOUVELLES.

§ 32. DÉFINITION.

QUESTIONS THÉORIQUES.

1. Y a-t-il une différence fondamentale entre le *conte* et le *roman?*

2. Quelle distinction doit-on faire entre eux?

3. Qu'est-ce que la *nouvelle?*

4. Faut-il étudier séparément ces trois ouvrages?

5. Quelle est la forme essentielle du roman ou du conte étendu?

6. Qu'y a-t-il à faire pour y réussir?

7. Que doit-on faire quant au récit et au style?

8. Qu'y a-t-il à dire sur les situations et les caractères?

9. Que recommande-t-on pour le dénoûment?

10. Est-il permis de rompre le fil du récit de la principale action par des incidents ou événements particuliers?

11. Les règles *littéraires* pour la composition du roman ou conte développé, sont-elles les seules?

12. Quelle est la règle *morale?*

EXERCICES.

56ᵉ SUJET.

Le sieur de la Rapinière était alors le rieur de la ville du Mans, il n'y a point de petite ville qui n'ait son rieur. La ville de Paris n'en a pas pour un; elle en a dans chaque quartier; et moi-même qui vous parle, je l'aurais été du mien, si j'avais voulu : mais il y a longtemps, comme chacun sait, que j'ai renoncé aux vanités du monde. Pour revenir au sieur de la Rapinière, il demanda au jeune comédien si leur troupe n'était composée que de Mlle de la Caverne, de M. de la Rancune et de lui. « Notre troupe est aussi complète que celle du prince d'Orange, ou de Son Altesse d'Épernon, lui répondit-il; mais, par une disgrâce qui nous est arrivée à Tours, où notre étourdi de portier a tué un des fusiliers de l'intendant de la province, nous avons été contraints de nous sauver un pied chaussé et l'autre nu, en l'équipage que vous nous voyez. — Les fusiliers de M. l'intendant en ont fait autant à la Flèche. Que le feu saint Antoine les arde, ils seront cause que nous n'aurons pas la comédie. — Il ne tiendrait pas à nous, dit la Rancune : si nous avions la clef de nos coffres pour avoir nos habits, nous divertirions quatre ou cinq jours Messieurs de la ville, avant que de gagner Alençon, où le reste de la troupe a rendez-vous. » La réponse du comédien fit ouvrir les oreilles à tout le monde; on offrit de leur prêter des habits : « Malheureusement, objecta quelqu'un de la compagnie, vous n'êtes que trois. — J'ai joué une pièce moi seul, dit la Rancune, et j'ai fait en même temps le roi, la reine et l'ambassadeur. Je parlais en faucet quand je faisais la reine; je parlais du nez pour l'ambassadeur, et je me tournais vers ma couronne, que je posais sur une chaise; et pour le roi, je reprenais mon siége, ma couronne et ma gravité, et grossissais un peu ma voix. Et qu'ainsi ne soit, si vous voulez contenter notre charretier et payer notre dépense en l'hôtellerie, fournissez vos habits et nous jouerons avant que la nuit vienne. » (Scarron, *le Roman comique.*)

ANALYSE.

Dites ce que c'est que ce morceau; indiquez-en les diverses parties, et montrez-y la peinture des mœurs du temps.

57ᵉ SUJET.

Un chevalier raconte comment il a été forcé par un Ondin (c'est-à-dire par la tempête représentée sous la forme d'un génie des eaux), de se rendre dans la cabane d'un pêcheur qui l'a reçu cordialement. Faites cette narration fantastique en décrivant ce personnage allégorique sous des couleurs convenables.

———

§ 33. DIVISION DES ROMANS.

QUESTIONS THÉORIQUES.

1. Comment distingue-t-on les *romans?*

2. Qu'est-ce que les *romans par lettres?*

3. Qu'est-ce que les *romans continus* ou *suivis?*

4. Ces romans ont-ils quelque avantage sur le *roman par correspondance?*

5. Comment distingue-t-on les romans quant au fond?

6. Qu'est-ce que le *roman de mœurs?*

7. Qu'est-ce que le *roman intime?*

8. Qu'est-ce que le *roman d'intrigue?*

9. Ce genre de roman est-il fort estimé?

10. Qu'est-ce que le *roman historique?*

11. Qu'est-ce que le *roman d'éducation?*

12. Qu'est-ce que le *roman merveilleux* ou *fantastique?*

13. Qu'est-ce que le *roman poétique?*

14. Donnez-en des exemples.

15. N'a-t-on pas proposé un nom particulier pour cette sorte d'ouvrage?

16. Les romans existent-ils depuis longtemps?

17. Quand les romans ont-ils paru en France?

18. A quelle époque les romans se sont-ils développés et ont-ils pris plus de variété?

EXERCICES.

58ᵉ SUJET.

Le licencié Carambola répondit à don Chérubin : « Pendant que vous étiez chez la marquise de Torbellino et que vous y passiez le temps plus agréablement que moi, qui me voyais sur le pavé, sans argent, ou du moins bien près d'en manquer, j'abandonnai Tolède comme une ville qui me devenait de jour en jour plus désagréable. Je vins à Madrid, où je trouvai moyen d'entrer chez un riche bourgeois qui était veuf et qui avait un fils âgé de douze ans. Ce bourgeois ne mangeait jamais chez lui, il allait dîner et souper en ville tous les jours, ce qui ne rendait pas au logis notre ordinaire meilleur. Une femme de quarante-cinq à cinquante ans, qui gouvernait sa maison, nous apprêtait à manger; la mauvaise cuisinière ! Tantôt elle mettait trop de sel dans ses ragoûts, et tantôt trop de poivre, de girofle ou de safran. J'avais beau m'en plaindre, la maudite créature avait la malice de ne vouloir pas se corriger; je crois même qu'elle le faisait exprès pour me dégoûter de cette maison et me forcer d'en sortir, m'ayant pris en aversion je ne sais pas pourquoi. De mon côté, pour me venger de cette vieille sorcière, je m'obstinai, malgré ses ragoûts épicés, à demeurer chez ce bourgeois, où je serais encore sans une aventure qui n'est peut-être jamais arrivée à aucun précepteur. » (Lesage, *le Ba-chelier de Salamanque*, part. I, ch. XIV.)

ANALYSE.

Dites à quel genre de roman appartient ce fragment.

59ᵉ SUJET.

O murs de Jéricho! vous témoins, dans ces temps reculés qui touchent presque à la naissance du monde, des merveilles inouïes dont le souvenir se prolongera jusque dans les années éternelles, dites comment, à la vue de Josué conduisant la sainte arche, vos orgueilleux et formidables remparts, s'ébranlant tout à coup, croulèrent avec fracas, et par leur terrible chute portèrent l'effroi dans l'âme des pervers en leur annonçant qu'un même sort les attendait ; comment, du sein de cette désolation générale, le Tout-Puissant, miséricordieux jusque dans ses justes vengeances, fit briller la lumière de vérité en éclairant la jeune Rahab aux yeux des fils de Chanaan ; comment ceux-ci, au lieu d'être touchés de son exemple, voulurent la mettre à mort, et par leur endurcissement appelèrent enfin sur leurs têtes l'effrayant anathème dont l'Éternel ne frappe jamais ses enfants qu'à regret. (Mme Cottin, *la Prise de Jéricho.*)

ANALYSE.

Dites ce que c'est que ce fragment, et à quel genre de roman il appartient.

60ᵉ SUJET.

Le roi d'Angleterre donnait un bal costumé où devait paraître le chevalier de Grammont, alors le régulateur de la mode, et qui avait envoyé son courrier Termes en France, pour lui rapporter à cette occasion l'habit le plus magnifique qu'on pût imaginer. Tout le monde s'attendait donc à quelque chose d'extraordinaire. Mais venu le moment du bal, le chevalier y parut avec un habit très-beau et très-brillant, mais qu'on lui avait déjà vu. Le roi en fut surpris, et lui demanda si Termes n'était pas arrivé. Termes était revenu ; mais il avait sans doute dissipé l'argent de l'habit, et avait payé son maître d'un mauvais conte que celui-ci répéta au roi, et qui fit rire tout le monde.

Faites cette narration dialoguée, et tâchez d'imiter le langage d'un homme qui n'a que de mauvaises excuses à donner.

§ 34. NOUVELLES. — ANECDOTES.

QUESTIONS THÉORIQUES.

1. Comment distingue-t-on les *nouvelles?*

2. Que sont les nouvelles qui entrent dans les romans?

3. Que trouve-t-on au-dessous des plus petites nouvelles, en diminuant toujours d'étendue?

4. Est-ce qu'il peut y avoir aucun art à raconter des pièces si courtes?

5. A-t-on eu cet art à toutes les époques?

6. Quelque chose prouve-t-il la perfection qu'on a su mettre dans ces petites narrations?

EXERCICES.

61e SUJET.

M. de Racan était un homme de bon sens et de bon goût. Il a fait des ouvrages trop estimés, même des plus savants, pour en disconvenir. Or, un de ses amis lui ayant expliqué un jour un grand nombre des épigrammes de l'*Anthologie grecque* (car M. de Racan ne savait ni grec ni latin), il fut surpris de voir qu'à la réserve de cinq ou six de ces épigrammes où il y a beaucoup d'esprit, et de quelques-unes qui sont pleines d'ordures, toutes les autres sont d'une froideur et d'une insipidité inconcevables. Comme il en témoignait son étonnement, on lui dit qu'elles avaient une grâce merveilleuse en leur langue; qu'à la vérité, elles n'avaient rien qui piquât le goût, mais que c'était le génie de ces sortes d'ouvrages parmi les Grecs; en un mot, que c'étaient des épigrammes à la grecque, dont la simplicité et la naïveté étaient mille fois préférables à tout le sel et à toutes les pointes des épigrammes françaises. M. de Racan baissa la tête et crut devoir se rendre à un homme qui en savait plus que lui.

A quelques jours de là, ils furent invités à un repas où l'on servit une soupe fort maigre, fort peu salée, et qui n'était, à la bien définir, que du pain trempé dans de l'eau chaude. Le défenseur de l'anthologie, qui avait tâté de la soupe, demanda à M. de Racan ce qu'il lui en semblait. « Je ne la trouve point à mon gré, lui répondit-il ; mais je n'ose pas dire qu'elle est mauvaise, car peut-être est-ce une soupe à la grecque. » (Perrault, *Parallèle des anciens et des modernes*, t. I, p. 36.)

ANALYSE.

Dites ce qu'il y a de remarquable dans cette narration.

62e SUJET.

Racontez que quelques jeunes gens, se promenant en bateau sur la Marne, virent sur le rivage un pêcheur endormi, dont la ligne, fixée à côté de lui, retombait dans la rivière. Ils voulurent se moquer un peu de lui, en attachant une pipe à l'hameçon. Mais ayant trouvé un poisson pris au bout et qui se débattait, ils le décrochèrent et le raccrochèrent par la queue, puis s'éloignant, ils crièrent assez haut après le pêcheur pour le réveiller. Celui-ci tira sa ligne de l'eau et parut fort surpris d'y voir un poisson attaché de cette manière. A l'instant des éclats de rire poussés par tous ces jeunes gens lui firent voir qu'on se moquait de lui. Furieux, il lança des pierres aux canotiers sans pouvoir les atteindre. Mais encore à moitié ivre, il tomba dans l'eau, et s'y serait peut-être noyé. Les jeunes gens se hâtèrent de pousser leur canot vers lui, et de le retirer ; et l'un d'eux lui dit que s'il voulait dorénavant mettre de l'eau dans son vin, il ferait bien de la mettre avant de le boire.

63e SUJET.

Racontez plaisamment l'aventure de deux amateurs de peinture, dont l'un fait des objets qui ne ressemblent pas, dont l'autre a la manie de retoucher les tableaux et d'y ajouter quelque chose de sa façon.

CHAPITRE VII.

POËMES. — VERS. — STANCES. — DIVISION DES POËMES.

---

§ 35. POËMES, VERS, MESURE, CÉSURE, ARRANGEMENT DES VERS.

QUESTIONS THÉORIQUES.

1. Qu'appelle-t-on *poëmes ?*
2. Qu'appelle-t-on *vers ?*
3. N'y a-t-il pas une seconde définition ?
4. D'où dépend chez nous la forme particulière des vers ?
5. Qu'est-ce que l'*hiatus ?*
6. Donnez un exemple.
7. Quelle est la règle absolue à l'égard de l'*hiatus ?*
8. Qu'est-ce que la *mesure* des vers français ou leur *mètre ?*
9. Comment se comptent les syllabes ?
10. Compte-t-on les syllabes muettes dans l'intérieur du vers ?
11. Qu'est-ce que l'*élision ?*
12. L'élision est-elle quelquefois forcée ?
13. Quels sont les vers usités en français ?
14. Comment distingue-t-on les vers français ?
15. Quels noms particuliers donnons-nous à nos vers ?
16. N'y a-t-il rien à remarquer sur les vers de cinq et de six pieds ?

17. Qu'appelle-t-on *césure?*

18. Où doit tomber la césure dans le vers de dix syllabes?

19. Où doit tomber la césure dans le vers de douze syllabes?

20. Comment s'appellent les moitiés de vers?

21. Comment distingue-t-on les vers, considérés quant à la manière dont on les combine entre eux?

22. Qu'est-ce que les *vers suivis?*

23. Qu'est-ce que les *vers croisés?*

24. Qu'est-ce que les *vers mêlés?*

EXERCICES.

64e SUJET.

Marot, dans son épître intitulée *Enfer*, assimile les procès à des serpents ou couleuvres.

> Tel est enfin le serpent plein d'excès
> Qui dans le monde est appelé procès.
> Tel est son nom, qui est de mort une ombre.
> Regarde un peu : en voilà un grand nombre.
> . . . .
> Et pour un seul qui meurt ou qui s'en va
> En viennent sept. Issues sont ces bêtes
> Du grand serpent Hydra, qui eut sept têtes.
> . . . .
> Or si tu veux apprendre la raison,
> Pourquoi procès sont si fort en saison,
> Sache que c'est faute de charité
> Entre chrétiens. . . . .

ANALYSE CRITIQUE.

Dites ce que sont ces vers, et relevez-y les fautes de versification s'il y en a.

65e SUJET.

La vie du pauvre et seigneur,
Ou d'autre estat qu'on peut penser,
Gît dans les mains du laboureur.

(Martial d'Auvergne.)

En outre, chez le roi Cambyse,
Un juge avait jugé à tort.

(Martial d'Auvergne.)

Ceux qui étaient à sa suite
Ne s'y épargnèrent point.

(*Satire Ménippée.*)

ANALYSE CRITIQUE.

Examinez, expliquez et jugez ces vers.

66e SUJET.

Changez l'ordre des mots dans les phrases suivantes pour en faire des vers alexandrins :

Jeanne baisait avec ardeur l'image du Christ.
Le feu brille tout à coup, il s'irrite, il s'élance.
Qu'on grave des combats sur l'airain funèbre.
Semez les lauriers et les roses sur son tombeau.

---

§ 36 RIME.

QUESTIONS THÉORIQUES.

1. Qu'est-ce que la *rime*?
2. Le son pareil suffit-il pour que la rime soit bonne?
3. Donnez un exemple.
4. Comment distingue-t-on les rimes?
5. Comment distingue-t-on les rimes quant à leur genre?

6. Qu'est-ce que les rimes *masculines*?

7. Qu'est-ce que les rimes *féminines*?

8. Quelle est la règle générale de la versification française, eu égard au genre des rimes?

9. Qu'appelle-t-on *vers masculins*, *vers féminins*?

10. Comment distingue-t-on les rimes considérées quant à leur richesse?

11. Qu'est-ce que les rimes *pauvres*?

12. Que recommande-t-on à l'égard de ces rimes?

13. Qu'appelle-t-on rimes *suffisantes*?

14. Qu'appelle-t-on rimes *riches* ou *pleines*?

15. Pourquoi ces rimes sont-elles appelées *riches*?

16. Qu'appelle-t-on rimes *superflues*?

17. Faut-il rechercher les rimes superflues dans les vers?

18. Comment divise-t-on les rimes quant à leur arrangement entre elles?

19. Qu'appelle-t-on rimes *plates*?

20. Qu'appelle-t-on rimes *croisées*?

21. Qu'appelle-t-on rimes *mêlées*?

EXERCICES.

67e SUJET.

Un jeune enfant, je le tiens d'Épictète,
Moitié gourmand et moitié sot,
Mit un jour la main dans un pot
Où logeait mainte figue avec mainte noisette.
Il en emplit sa main tant qu'elle en peut tenir,
Puis veut la retirer; mais l'ouverture étroite
Ne la laisse pas revenir.
Il ne sait que pleurer, en plainte il se consomme:
Il voulait tout avoir et ne le pouvait pas.
Quelqu'un lui dit, et je le dis à l'homme:
« N'en prends que la moitié, mon enfant, tu l'auras. »

(La Motte.)

Examinez cette fable par rapport aux rimes.

68ᵉ SUJET.

Il se moucha, cracha, toussa,
Puis en ces termes commença :
« Lorsque l'onde en partage échut
Au frère du grand Dieu qui tonne, etc.
. . . .
Et le puissant Dieu résolut
De châtier cette Gasconne
Par quelque signalé rebut.
De fait, il en fit peu de cas
Quand elle vint lui rendre hommage...
. . . .
Et cet exemple durera
Tant que Neptune régnera.
A ce Dieu du moite élément
Les rebelles lors se soumirent.

(Chapelle et Bachaumont.)

ANALYSE CRITIQUE.

Examinez ces vers par rapport aux rimes et relevez les fautes qui s'y trouvent.

---

§ 37. COMBINAISON DES VERS ET DES RIMES. — STANCES.

QUESTIONS THÉORIQUES.

1. Peut-on arranger de beaucoup de manières les vers combinés avec les rimes ?
2. Quelles rimes admettent les *vers mêlés* ?
3. Quelles rimes admettent les *vers croisés* ?

4. Quels arrangements de rimes admettent les *vers suivis?*

5. Qu'appelle-t-on *stances?*

6. Les stances sont-elles toujours régulières?

7. Quelles stances reconnaît-on en français?

8. Dit-on *stance de deux vers? de trois vers?*

9. Quelles sont les stances les plus usitées chez nous?

10. Comment se divisent les stances de six vers?

11. Comment sont composées les stances de huit, neuf et dix vers?

12. Comment se divisent-elles?

13. Comment nos stances s'appellent-elles dans nos odes?

EXERCICES.

69ᵉ SUJET.

La puce.

Ainsi que dedans un pré,
D'un vert émail diapré,
On voit que la blonde avette (abeille),
Sur les belles fleurs volette,
Pillant la manne du ciel
Pour en composer son miel,
Ainsi, petite pucette.....

(Pasquier.)

Paroles d'un vanneur de blé aux vents.

A vous, troupe légère,
Qui d'aile passagère,
Par le monde volez,
Et d'un sifflant murmure,
L'ombrageuse verdure
Doucement ébranlez :

J'offre ces violettes,
Ces lis et ces fleurettes,
Et ces roses ici,
Ces vermeillettes roses
Tout fraîchement écloses,
Et ces œillets aussi.

De votre douce haleine
Éventez cette plaine,
Éventez ce séjour,
Cependant que j'ahanne
A mon blé que je vanne
A la chaleur du jour.

(Joach. du Bellay.)

Huitain sur l'Amour.

Tandis qu'Amour dormait, je lui coupai les ailes,
Parce qu'il me semblait trop volage et léger.
Quand il fut éveillé et se trouva sans elles,
Riant d'un ris amer, vers moi se vint ranger.
De ce petit voleur je me pensais venger,
Mais je fis bien le sot, et maintenant j'en pleure :
Il ne peut plus voler pour de moi s'étranger (s'éloigner),
Ainsi mon ennemi avecque moi demeure.

(Passerat.)

ANALYSE.

Considérez ces pièces quant à l'arrangement des vers et des rimes.

----

§ 38. POËMES EN GÉNÉRAL. — CLASSIFICATION.

QUESTIONS THÉORIQUES.

1. Les règles générales qui regardent le mécanisme des vers, et qu'il faut observer, suffisent-elles pour être un bon poëte ?

2. Peut-on enseigner l'invention et le talent de peindre ou d'imiter la nature ?

3. Quelle nature doit-on se proposer de peindre ?

4. Que veut dire ce mot de *belle nature?*

5. Comment divisons-nous les objets, eu égard à nous-mêmes?

6. Ne doit-on pas aussi *embellir la nature?*

7. Comment Cicéron nous explique-t-il cette opération?

8. Quel style le poëte emploie-t-il ordinairement?

9. Ce style diffère-t-il de la prose?

10. Le style poétique admet-il tous les mots?

11. Y a-t-il des mots qui lui soient propres?

12. En combien d'espèces partage-t-on les ouvrages en vers?

13. Que comprend la première espèce?

14. Que contient la seconde?

15. Que comprend la troisième?

16. Que contient la quatrième?

17. Que contient la cinquième?

EXERCICES.

70e SUJET.

Le poëte Théophile écrit dans une pièce sur la solitude :

> Là branle le squelette horrible
> D'un pauvre amant qui se pendit.

Et un poëte moderne a représenté en ces termes une jeune fille soignant son vieux père :

> Elle file, elle coud, et garde à la maison
> Un père vieux, aveugle et privé de raison.
> Si, pour chasser de lui la terreur délirante,
> Elle chante parfois, une toux déchirante
> La prend dans sa chanson, pousse en sifflant un cri
> Et lance les graviers de son poumon meurtri.
> Une pensée encor la soutient : elle espère
> Qu'avant elle, bientôt, s'en ira son vieux père.

ANALYSE CRITIQUE.

Dites ce que vous pensez de ces vers et surtout de ce qui y est exprimé.

71ᵉ SUJET.

Hortace ouvre ainsi la tragédie de Sainte Eustelle[1].

Eh bien ! puisque les fers ne peuvent l'étonner,
Ni le nombre des coups qu'on vient de lui donner,
Qu'au milieu des tourments il paraît impassible,
Il faut, Lysandre, il faut qu'une main invisible
Ait endurci son corps par des enchantements.
Pourquoi donc inventer de nouveaux châtiments ?
J'ai changé de dessein et j'ai donné mes ordres,
Il fallait arrêter le cours de ces désordres.
Verrai-je un étranger, un pauvre, un séducteur,
Jusque dans mon palais oser porter l'erreur ?
Et répandant partout une secte nouvelle,
Pervertir, malgré moi, l'esprit de mon Eustelle ?
Il mourra, ce perfide, et j'attends que sa mort
Adoucisse du moins la rigueur de mon sort.
Je me suis vu contraint de troubler ma famille,
De paraître cruel envers ma propre fille.
Mon épouse est en pleurs, sans espoir et sans paix,
Elle aime Eustelle, et craint ne la revoir jamais.
Mais elle la verra : je veux qu'on la ramène,
Peut-être, à la changer, aura-t-on moins de peine.
Espérons à la fin, Eutrope n'étant plus,
Lui faire ouvrir les yeux sur ces nouveaux abus.

ANALYSE CRITIQUE.

Dites ce que vous pensez de ce style.

---

1. Sainte Eustelle est fort vénérée dans la Saintonge. Elle fut convertie au christianisme par saint Eutrope, dont son père Hortace parle sans le nommer au commencement de la scène.

CHAPITRE VIII.

PETITES PIÈCES ANCIENNES.

§§ 39 ET 40. TRIOLET, RONDEAU, LAI, BALLADE, CHANT ROYAL.

QUESTIONS THÉORIQUES.

1. N'avons-nous pas en français un certain nombre de petits poëmes usités autrefois, qu'on ne fait plus aujourd'hui et qui cependant méritent d'être connus?

2. Quels sont ces poëmes?

3. Qu'est-ce que le *triolet?*

4. N'y répète-t-on que le premier vers?

5. Qu'était-ce autrefois que le *rondeau?*

6. Qu'est-ce que le rondeau à présent?

7. N'y ajoute-t-on pas quelquefois une difficulté particulière?

8. Qu'est-ce que le *rondeau redoublé?*

9. Qu'est-ce que le *lai?*

10. Qu'est-ce que la *ballade?*

11. Quels poëtes ont fait des ballades?

12. Qu'était-ce que la *ballade redoublée?*

13. Qu'est-ce que le *chant royal?*

EXERCICES.

72e SUJET.

Pour construire un bon triolet,
Il faut observer ces trois choses :

Savoir que l'air en soit follet,
Pour construire un bon triolet,
Qu'il rentre bien dans le rolet
Et qu'il tombe au vrai lieu des pauses.
Pour construire un bon triolet,
Il faut observer ces trois choses.

(Saint-Amand.)

ANALYSE.

Analysez et expliquez ces vers.

73e SUJET.

Ma foi, c'est fait de moi ; car Isabeau
M'a conjuré de lui faire un rondeau.
Cela me met dans une peine extrême.
Quoi! treize vers, huit en *eau*, cinq en *ême!*
Je lui ferais aussitôt un bateau.
En voilà cinq pourtant en un monceau ;
Faisons-en six en invoquant Brodeau,
Et puis mettons, par quelque stratagème :
    Ma foi! c'est fait.
Si je pouvais encor de mon cerveau,
Tirer cinq vers, l'ouvrage serait beau.
Mais cependant je suis dedans l'onzième,
Et si je crois que je fais le douzième,
En voilà treize ajustés au niveau.
    Ma foi! c'est fait.

(Voiture.)

ANALYSE.

Analysez cette pièce.

§ 44. SONNET.

QUESTIONS THÉORIQUES.

1. Le *sonnet* est-il, comme les pièces précédentes, soumis à l'emploi des refrains?

2. Comment est-il composé?

3. Le sens doit-il être suspendu quelque part?

4. En quels vers compose-t-on les sonnets?

5. N'attribuait-on pas autrefois beaucoup de valeur au sonnet?

6. Qu'a dit Lancelot du sonnet?

7. Cet éloge est-il vrai?

8. N'y a-t-il pas encore quelque raison qui a fait exagérer la valeur du sonnet?

9. Y a-t-il cependant de très-jolis sonnets?

EXERCICES.

74ᵉ SUJET.

Daris, qui sait qu'aux vers quelquefois je me plais,
Me demande un sonnet, et je m'en désespère.
Quatorze vers, grand Dieu! le moyen de les faire?
En voilà, cependant, déjà quatre de faits.

Je ne pouvais d'abord trouver de rime; mais
En faisant, on apprend à se tirer d'affaire.
Poursuivons : les quatrains ne m'étonneront guère,
Si du premier tercet je puis faire les frais.

Je commence au hasard, et, si je ne m'abuse,
Je n'ai pas commencé sans l'aveu de ma muse,
Puisqu'en si peu de temps je m'en tire si net.

J'entame le second, et ma joie est extrême,
Car des vers commandés j'achève le treizième.
Comptez s'ils sont quatorze, et voilà le sonnet.

ANALYSE.

Analysez cette pièce et montrez ce qu'elle est.

75ᵉ SUJET.

Plus Mars que Mars de la Thrace,
Mon père victorieux,

Aux rois les plus glorieux
Ota la première place.

Ma mère vient d'une race
Si fertile en demi-dieux,
Que son éclat radieux
Toutes lumières efface.

Je suis poudre toutefois,
Tant la Parque a fait ses lois
Égales et nécessaires.

Rien ne m'en a su parer.
Apprenez, âmes vulgaires,
A mourir sans murmurer.

(Malherbe.)

ANALYSE.

Le sujet de cette pièce est la mort du duc d'Orléans,
fils d'Henri IV et de Marie de Médicis, enlevé dès sa
première enfance. Analysez-la et dites ce qu'elle est.

CHAPITRE IX.

POÉSIES FUGITIVES.

§ 42. DÉFINITION, CLASSIFICATION. — ÉPIGRAMME.

QUESTIONS THÉORIQUES.

1. Qu'appelle-t-on en général *poésies fugitives?*
2. Quels sont les petits poëmes ainsi nommés?
3. Que signifie le mot *épigramme?*
4. Le mot *épigramme* dans son sens originel a-t-il
une signification très-générale?
5. N'a-t-on pas cependant divisé ces petites pièces?

6. Qu'est-ce qu'une *pensée?*

7. Qu'est-ce qu'un *madrigal?*

8. Comment l'*épigramme* se distingue-t-elle des deux pièces précédentes?

9. Qu'est-ce que l'*épigramme* prise dans son sens restreint?

10. Quels sont les deux principaux caractères de ce genre de poésie?

11. En quoi consiste la brièveté?

12. En quoi consiste le sel?

13. Le genre de l'épigramme ne présente-t-il pas quelque inconvénient?

14. Que peut-on faire pour éviter ce mal?

———

EXERCICES.

76ᵉ SUJET.

Sur un prédicateur.

On dit que l'abbé Roquette
Prêche les sermons d'autrui.
Moi qui sais qu'il les achète,
Je soutiens qu'ils sont à lui.

(Boileau.)

Sur une modestie affectée.

Lubin, pour se faire encenser,
Dit qu'il n'a jamais eu le don de bien écrire.
Mais il le dit sans le penser :
Moi, je le pense sans le dire.

(Cocquard.)

Sur le Parnasse de bronze de M. Titon.

Dépêchez-vous, monsieur Titon :
Enrichissez notre Hélicon.

Placez-y sur un piédestal,
Saint Didier, Danchet et Nadal.
Qu'on voie armés du même archet,
Nadal, saint Didier et Danchet;
Et couverts du même laurier
Danchet, Nadal et Saint-Didier.

(Voltaire.)

ANALYSE.

Analysez et classez ces trois pièces.

77e SUJET.

Vanité de la gloire humaine.

Princes, arbitres de la terre,
Voyez Alexandre au cercueil,
Et ne vous enflez plus d'orgueil
Pour tous les succès de la guerre.
Que demeura-t-il en mourant
A cet illustre conquérant
Pour le fruit de tant de batailles?
On lui fit en son jour fatal
De moins pompeuses funerailles
Qu'il n'en fit faire à son cheval.

(Furetière.)

Sur M. de Marca, nommé par Louis XIV à l'archevêché de Paris,
et mort avant d'avoir pu prendre possession de son siège.

Ci-gît monseigneur de Marca,
Que notre monarque marqua
Pour le prélat de son église.
Mais la mort qui le remarqua,
Et qui se plaît à la surprise,
Sur la liste le démarqua.

(Anonyme.)

CHAPITRE IX.

Sur des vers.

« Vous décriez mes vers, cela n'est pas loyal,
Disait à son ami le poëte Clitandre.
— Moi! dit l'autre; comment en dirais-je du mal?
Je n'ai jamais pu les entendre. »

(Du Cerceau.)

ANALYSE.

Analysez, classez, et expliquez ces trois pièces.

---

§§ 43 ET 44. MADRIGAL, INSCRIPTION, ÉPITAPHE, IMPROMPTU, CONTES TRÈS-RAPIDES, HISTOIRE DE L'ÉPIGRAMME.

QUESTIONS THÉORIQUES.

1. Quelle est l'étendue du *madrigal?*

2. Comment le trait final diffère-t-il dans l'épigramme et le madrigal?

3. Les pensées, les épigrammes et les madrigaux, ne prennent-ils pas chez nous le nom d'*inscription?*

4. Comment s'appelle l'inscription sur un tombeau?

5. Toutes les épitaphes sont-elles sérieuses?

6. Qu'appelle-t-on souvent *impromptu?*

7. Ne donne-t-on pas le nom d'*épigrammes* à quelques contes très-courts?

8. D'où vient le piquant de ces petits contes?

9. Ces contes sont-ils du même genre que les pièces précédentes?

10. Qu'était-ce que l'épigramme chez les Grecs?

11. Quels sont les meilleurs épigrammatistes latins?

12. Quels sont les poëtes épigrammatistes célèbres chez les Français?

13. Citez-en quelques-uns?

EXERCICES.

78ᵉ SUJET.

Sur une belle cabaretière.

La maîtresse du cabaret
Se devine sans qu'on la peigne.
Le dieu d'amour est son portrait,
La jeune Hébé lui sert d'enseigne.
Bacchus, assis sur son tonneau,
La prend pour la fille de l'onde.
Même en ne versant que de l'eau,
Elle a l'art d'enivrer son monde.

(Bernis.)

Sur l'amour.

L'amour, ce tyran du bel âge,
De l'arc-en-ciel est le tableau.
Tous deux annoncent le nuage,
Tous deux ne se montrent qu'en beau.
Un vernis brillant les décore :
Mais l'éclat léger de ce fard
Paraît, éblouit, s'évapore :
Un instant le change en brouillard.

(Anonyme.)

Sur Mme de La Vallière.

Être femme sans jalousie
Et belle sans coquetterie;
Bien juger sans beaucoup savoir,
Et bien parler sans le vouloir;
Ni hautaine, ni familière,
Exempte d'inégalité :
C'est le portrait de La Vallière;
Il n'est ni fini, ni flatté.

(Voltaire.)

ANALYSE.

Analysez, classez, et expliquez ces trois pièces.

79e SUJET.

L'impromptu.

Je suis un petit volontaire,
Enfant de la table et du vin,
Vif, entreprenant, téméraire,
Étourdi, négligé, badin,
Jamais rêveur, peu solitaire,
Quelquefois délicat et fin,
Mais tenant toujours de mon père.

                    (Hamilton.)

ANALYSE.

Expliquez successivement toutes les parties de ces vers.

80e SUJET.

On attribue à Voltaire, âgé de dix ans, cette petite pièce contre les sonneurs :

Persécuteurs du genre humain
Qui sonnez sans miséricorde,
Que n'avez-vous au cou la corde
Que vous tenez dans votre main !

Le poëte Roucher, détenu en prison et condamné à mort par le tribunal révolutionnaire, adressa à sa femme et à ses enfants ce quatrain avec son portrait qu'on venait de faire :

Ne vous étonnez pas, objets charmants et doux,
Si quelque air de tristesse obscurcit mon visage.
Quand un savant crayon dessinait cette image,
On dressait l'échafaud et je pensais à vous.

ANALYSE.

Analysez et classez ces deux pièces.

81e SUJET.

Un Gascon chez un cardinal
Exaltait sa Garonne avec persévérance :

C'était non-seulement un fleuve d'importance,
    C'était un fleuve sans égal.
« A ce compte, monsieur, lui dit Son Éminence,
Le Tibre, près de lui, ne serait qu'un ruisseau?
— Le Tibre, monseigneur! sandis! belle merveille;
S'il osait se montrer au pied de mon château,
    Je le ferais mettre en bouteille. »

                        (Guillemard.)

Mieux vaut danser que de mourir de faim.
Or, un Gascon, sans ressource et sans pain,
D'être danseur se mit bientôt en tête.
Il se redresse, et d'un air de conquête,
Va consulter un maître de ballet :
« Je vous fais part, monsieur, de mon projet;
Je veux danser. — Vous êtes lourd, je pense?
Et ce défaut est grave pour la danse.
— Moi, lourd! sandis, plus léger que l'éclair;
Je vais si haut que je m'ennuie en l'air. »

                        (M. M.)

ANALYSE.

Classez, expliquez, et jugez ces deux pièces.

------

§ 45. ÉNIGME, CHARADE, LOGOGRIPHE.

QUESTIONS THÉORIQUES.

1. A quoi peut-on rapporter l'*énigme*, la *charade*, le *logogriphe?*

2. Ces petites pièces sont-elles nécessairement en vers?

3. Qu'est-ce que l'*énigme?*

4. Que fait-on souvent dans l'énigme afin de dérouter le lecteur?

5. Qu'est-ce que la *charade?*

6. Quels mots servent ordinairement pour les charades?

7. L'usage exclusif des mots de deux syllabes est-il bien fondé?

8. Qu'est-ce que le *logogriphe*?

9. Qu'appelle-t-on *corps*, *pieds*, *membres*, *tête*, *cœur*, *queue*, dans les logogriphes en vers?

EXERCICES.

82ᵉ SUJET.

Je sors d'un enfant de la terre :
Je vivais; je mourus sous le fer inhumain.
Après ma mort, j'éprouve encor la guerre
Que me font Éole et Vulcain.
Je vais, dans peu d'instants, paraître anéantie.
Vaine erreur : mon destin en est plus glorieux;
Si la terre de moi reprend une partie,
L'autre va s'envoler aux cieux.

(La Motte.)

Le mot est *bûche*.

Je suis grand ou petit, et ma taille varie,
Et je n'ai cependant ni plus ni moins d'un pié.
Qui m'a ne fait pas grande envie;
Qui ne m'a pas fait grand' pitié.

(La Motte.)

Le mot est *soulier*.

Prenez-moi tout entier, j'habite les campagnes.
J'ai pour mes habitants mille chantres divers,
Et, sans y prendre part, je préside aux concerts
Des bergers et de leurs compagnes.
Si l'on m'ôte un membre à trois pieds,
Il me reste deux parts faciles à connaître :
Par l'une que de gens noyés !
Et pour l'autre combien qui s'exposent à l'être!

(La Motte).

Le mot est *ormeau*.

Analysez, expliquez, et classez ces trois pièces.

---

§ 46. CHANSON.

QUESTIONS THÉORIQUES.

1. Qu'est-ce que la *chanson?*
2. Quels sujets traite-t-elle?
3. La forme de la chanson a-t-elle été toujours la même?
4. Quelle est sa forme aujourd'hui?
5. Quelle est la règle de ce genre de poésie?
6. Quelle est la règle pour le style?
7. N'y a-t-il pas une règle pour les couplets?
8. N'y a-t-il pas des chansons qui ont un *refrain?*
9. Combien y a-t-il d'espèces de chansons?
10. Que faut-il pour bien réussir dans les chansons *érotiques?*
11. Qu'est-ce qu'une *romance?*
12. Qu'appelle-t-on *chansons anacréontiques?*
13. Qu'est-ce que les chansons *bachiques?*
14. Qu'est-ce qui fournit ordinairement la matière des *chansons satiriques* ou *vaudevilles?*
15. N'y a-t-il pas quelque excès à craindre dans ce genre?
16. Qu'appelle-t-on encore *vaudeville?*
17. N'y a-t-il pas des chansons particulières qu'on désigne sous des noms différents?

EXERCICES.

83ᵉ SUJET.

La critique.

Sans humeur,
Sans aigreur,
La critique
Sait relever les défauts :
Le sel de ses bons mots
Réveille sans qu'il pique.
L'enjouement,
L'agrément
Est son style.
Corrigez en amusant,
Et soyez moins plaisant
Qu'utile.

Que le trait de l'épigramme
Frappe l'esprit, jamais l'âme.
Épargnez,
Éloignez
La satire.
Zoïle, vain et moqueur,
En dégradant son cœur,
Fait rire.

Un censeur,
Sans noirceur,
Encourage,
S'intéresse à nos progrès ;
Ne critique jamais
Que pour notre avantage.
Son secours
Est toujours
Nécessaire,
Et l'éclat de son flambeau,
Loin d'offusquer le beau
L'éclaire.

(Favart.)

Analysez, classez, expliquez, et jugez cette pièce.

84ᵉ SUJET.

Description de l'Opéra.

J'ai vu le soleil et la lune
Qui faisaient des discours en l'air.
J'ai vu le terrible Neptune
Sortir tout frisé de la mer.

J'ai vu l'aimable Cythérée
Aux doux regards, au teint fleuri,
Dans une machine entourée
D'amours natifs de Chambéri.

J'ai vu le maître du tonnerre
Attentif au coup de sifflet,
Pour lancer ses feux sur la terre,
Attendre l'ordre d'un valet.

J'ai vu du ténébreux empire
Accourir avec un pétard,
Cinquante lutins pour détruire
Un palais de papier brouillard.

J'ai vu des dragons fort traitables
Montrer les dents sans offenser.
J'ai vu des poignards admirables
Tuer les gens sans les blesser.

J'ai vu l'amant d'une bergère,
Lorsqu'elle dormait dans un bois,
Prescrire aux oiseaux de se taire,
Et lui, chanter à pleine voix.

J'ai vu des guerriers en alarmes,
Les bras croisés et le corps droit,
Crier cent fois : Courons aux armes!
Et ne pas sortir de l'endroit.

J'ai vu, ce qu'on ne pourra croire,
Des Tritons, animaux marins,
Pour danser, troquer leur nageoire
Contre une paire d'escarpins.

Dans les chaconnes et gavottes
J'ai vu des fleuves sautillants :
J'ai vu danser deux Matelottes,
Trois Jeux, six Plaisirs et deux Vents.

Dans le char de monsieur son père,
J'ai vu Phaéton tout tremblant,
Mettre en cendre la terre entière
Avec des rayons de fer-blanc.

J'ai vu Roland dans sa colère,
Employer l'effort de son bras,
Pour pouvoir arracher de terre
Des arbres qui n'y tenaient pas.

J'ai vu des Ombres très-palpables
Se trémousser au bord du Styx :
J'ai vu l'Enfer et tous les diables
À quinze pieds du Paradis.

(Panard.)

ANALYSE.

Classez, expliquez et jugez cette pièce.

85e SUJET.

Faites l'éloge du vin en décriant l'eau ; et distribuez ce
sujet en petites sections égales qui forment des couplets d'une
chanson bachique.

CHAPITRE X.

PETITS POËMES.

§ 47. DÉFINITION. — CLASSIFICATION DE CES POÉSIES. — APOLOGUE.

QUESTIONS THÉORIQUES.

1. Quelles pièces comprend-on en général sous le nom de *petits poëmes?*

2. Quelles sont ces pièces?

3. Qu'est-ce que l'*apologue?*

4. Combien y a-t-il de parties dans l'apologue?

5. Qu'est-ce que l'*action* ou le *récit?*

6. Qu'est-ce que la *moralité?*

7. Où place-t-on la moralité?

8. Quels sont les personnages mis en scène dans l'apologue?

9. N'a-t-on pas distingué quelquefois trois sortes de fables, eu égard aux personnages?

10. Cette distinction est-elle utile?

11. Quelles qualités doit avoir l'action de l'apologue?

12. Comment l'action sera-t-elle une?

13. Que veut dire ce mot que l'action de la fable doit être *juste?*

14. Donnez un exemple où cette règle ne soit pas observée.

15. Que veut dire ce mot que l'action doit être *naturelle* ou *vraisemblable?*

E. 5

16. Donnez un exemple où l'action ne soit pas naturelle.

17. Quel doit être le style de l'apologue?

18. En quoi consiste la *simplicité?*

19. Qu'est-ce que le *naturel?*

20. Qu'est-ce que l'*élégance?*

EXERCICES.

86e SUJET.

Le statuaire et son ami.

Certain maladroit statuaire,
Car il en est (tous ne sont pas
Coustou, Pigal, Bouchardon, Phidias),
Avait fait un dieu du tonnerre
Si court, si court dans ses proportions,
Qu'on l'aurait pris pour le dieu des Lapons.
Un sage ami lui fit remarquer sa bévue.
L'imbécile, croyant corriger ce défaut,
Vous percha la statue
Sur un socle bien haut.
« Tu croyais la grandir; la voilà plus petite,
Dit l'ami. Tu fais comme un roi
Qui, voulant illustrer un faquin sans mérite,
Lui donnerait un haut emploi. »

(Lemonnier.)

ANALYSE CRITIQUE.

Expliquez et jugez cet apologue.

87e SUJET.

Les crimes et le châtiment.

Les crimes, une nuit, échappés du Tartare,
Du monde consterné parcouraient les climats.
Nuit horrible, où leur main barbare
Avec impunité sème les attentats.

Des meurtres , des assassinats
Au voyageur tremblant attestent leur passage,
La nature s'éveille, et se plaint qu'on l'outrage.
    Écho, dont la voix fait frémir,
Ne répond qu'à des cris de douleur et de rage.
    On entend Dioné gémir
A l'approche du sang qui couvre son rivage.
Dans le sein des sillons les germes corrompus
    N'engendrent que d'affreux reptiles :
La mort a pénétré dans les plus sûrs asiles ;
Les murs sont démolis et les verrous rompus.
Fiers du trouble où leur rage a plongé la nature,
    Les crimes marchaient à grands pas.
L'herbe meurt sous leurs pieds, et semblable aux frimas,
    Le souffle de leur bouche impure
Des forêts d'alentour fait jaunir la verdure.
Cependant, appuyé sur un bâton noueux,
Le châtiment sévère, en boitant, suit leurs traces,
    Ils l'aperçoivent derrière eux.
Ils raillent sa lenteur, et bravent ses menaces.
Mais, constant à les suivre, il trompe leur effort ;
Sur leurs pas tortueux il attache sa vue :
L'heure de la vengeance enfin étant venue,
Il les atteint, les frappe, et les livre à la mort.
                (L'abbé Aubert.)

ANALYSE CRITIQUE.

Examinez cette fable, et montrez, s'il y a lieu, les défauts soit de la composition, soit du style.

88e SUJET.

Dites que deux sources sorties d'une même montagne se présentaient d'une façon bien différente : l'une était paisible et lente, l'autre superbe et rapide. Faites tenir à celle-ci un discours méprisant sur sa sœur. — Elle se promettra mille avantages, etc.

Dites que plus tard la source paisible, recueillant les eaux de mille petits ruisseaux, devient un fleuve superbe ; tandis que l'autre, ne recevant rien, resta un ruisseau inconnu.

Appliquez cette fable à l'orgueil.

§ 48. HISTOIRE DE L'APOLOGUE.

QUESTIONS THÉORIQUES.

1. Peut-on assigner l'origine de l'apologue?
2. Est-ce Ésope qui a le premier fait connaître les fables en Grèce?
3. De quel pays était Ésope?
4. Quel est le caractère de ses récits?
5. Les fables d'Ésope lui appartiennent-elles véritablement?
6. Y a-t-il un autre fabuliste grec qu'Ésope?
7. Quels sont les fabulistes latins?
8. Que direz-vous de Phèdre?
9. A-t-il joui d'une grande réputation à Rome?
10. Avons-nous des fabulistes en France?
11. Quels sont les principaux?
12. Que direz-vous de La Fontaine?
13. Qu'est-ce que La Motte?
14. Par quoi est-il inférieur à La Fontaine?
15. Qu'est-ce que Florian?
16. Qu'est-ce qu'Arnault?
17. Que disait Arnault lui-même au sujet de l'originalité?
18. Comment a-t-il atteint son but?

EXERCICES.

89e SUJET.

Un loup ayant vu un agneau qui buvait de l'eau d'un fleuve, voulut le dévorer en donnant quelque bonne raison. Se tenant donc plus haut que lui, il l'accusa de troubler l'eau et de l'empêcher de boire. L'agneau ayant dit qu'il buvait du bout des lèvres, et que d'ailleurs il était impossible, puisqu'il était plus bas, qu'il troublât l'eau en amont, le loup abandonnant ce prétexte, dit : « Mais l'année dernière tu as injurié mon père. » L'agneau ayant répondu que cela n'était jamais arrivé, le loup reprit : « Puisque tu n'as pas de bonne raison à me donner, je ne te ménagerai pas. »

Cette fable montre qu'une plaidoirie n'a aucun succès auprès de ceux qui ont résolu de faire une injustice. (Ésope.)

Le loup et l'agneau, poussés par la soif, étaient venus au même ruisseau. Le loup était plus haut et l'agneau beaucoup au-dessous de lui. Alors, d'un ton irrité, la bête féroce lui chercha querelle. « Pourquoi, dit-il, troubles-tu mon eau quand je bois ? » L'agneau effrayé répondit : « Comment, ô loup, puis-je faire ce dont tu te plains? L'eau descend de toi vers ma bouche. » Le loup, accablé par la force de la vérité, reprit : « Il y a six mois tu m'as dit des injures. » L'agneau répondit : « Il y a six mois je n'étais pas né. — Alors c'est ton père qui m'a insulté. » Et disant cela, il le saisit et le déchire injustement.

Cette fable est écrite à l'intention de ceux qui oppriment les innocents sous de faux prétextes. (Phèdre.)

La raison du plus fort est toujours la meilleure.
Nous l'allons montrer tout à l'heure.

Un agneau se désaltérait
Dans le courant d'une onde pure :
Un loup survient à jeun qui cherchait aventure
Et que la faim en ces lieux attirait.
« Qui te rend si hardi de troubler mon breuvage ?
Dit cet animal plein de rage.
Tu seras châtié de ta témérité.
— Sire, répond l'agneau, que votre majesté
Ne se mette point en colère :
Mais plutôt qu'elle considère
Que je me vas désaltérant
Dans le courant
Plus de vingt pas au-dessous d'elle,
Et que par conséquent en aucune façon

Je ne puis troubler sa boisson.
— Tu la troubles, reprit cette bête cruelle ;
Et je sais que de moi tu médis l'an passé.
— Comment l'aurais-je fait si je n'étais pas né ?
Reprit l'agneau : je tette encor ma mère.
— Si ce n'est toi, c'est donc ton frère ?
— Je n'en ai point. — C'est donc quelqu'un des tiens.
Car vous ne m'épargnez guère,
Vous, vos bergers et vos chiens.
On me l'a dit ; il faut que je me venge. »
Là-dessus au fond des forêts
Le loup l'emporte et puis le mange
Sans autre forme de procès.

(La Fontaine.)

ANALYSE COMPARÉE.

Examinez comparativement ces trois fables. Montrez la différence de ces styles, eu égard aux détails seulement, et non à l'expression, puisque les deux fables d'Ésope et de Phèdre ont été traduites dans un mot à mot rigoureux et fort plat.

---

§ 49. POÉSIE PASTORALE.

QUESTIONS THÉORIQUES.

1. Qu'est-ce que la *poésie pastorale ?*

2. Quels noms a-t-on donnés aux pièces pastorales ?

3. Que signifie le mot *églogue ?*

4. Que signifie le nom de *bucoliques ?*

5. Que doit-on penser de la distinction des *bucoliques* et des *églogues ?*

6. Que signifie le mot *idylles ?*

7. N'y a-t-il aucune différence fondamentale en-

tre les *pastorales*, les *bucoliques*, les *églogues* et les *idylles?*

8. Quel est l'*objet* ou la *matière* de l'églogue?

9. Peut-on prendre sans choix tout ce qui se présente?

10. Faut-il, dans la pastorale, admettre les événements tragiques?

11. Quelles sont les formes générales de la poésie pastorale?

12. Les églogues doivent-elles être très-longues?

13. Quel est le caractère des bergers?

14. Quel est le style des bergers?

15. Doit-il être doux?

16. Doit-il être gracieux?

EXERCICES.

90ᵉ SUJET.

MILON.

J'aperçois dans ce lac, auprès de ces roseaux,
   Une colonne renversée.

DAMÈTE.

C'était un monument; l'urne est au fond des eaux.

MILON.

   Ah! dieux! quelle scène est tracée
Sur ce marbre où la ronce a jeté ses rameaux!
   J'y vois les horreurs de la guerre,
Sous des coursiers fougueux des mourants entraînés.
   Les chars des vainqueurs forcenés
Roulant parmi des corps entassés sur la terre....
La tombe que d'un crime on ose ainsi charger
N'est point assurément la tombe d'un berger.

DAMÈTE.

Un berger! dis un monstre. Il dévasta nos plaines :
Comme un brigand farouche, il vint donner des chaînes

A de faibles enfants, à d'innocents pasteurs,
A des vieillards cachés dans leurs humbles chaumières ;
Foula d'un pied sanglant l'espoir des moissonneurs.
Et sema dans ces champs les membres de nos pères.
Le barbare ! il craignait qu'oublié des humains
Avec lui chez les morts il n'emportât sa gloire ;
Et pour éterniser sa coupable mémoire,
Ce tombeau que tu vois fut construit de sa main.

MILON.

Exécrable tyran !... Mais, certes, je l'admire,
Il veut que le passant ait soin de le maudire :
Et voilà maintenant son monument brisé.
La fange est confondue avec ses cendres viles ;
  Et dans ce vase délaissé
  On entend siffler les reptiles.
Qui ne rirait de voir au casque du vainqueur
  S'asseoir la grenouille paisible,
Et d'impurs limaçons se traîner sans frayeur
  Le long de son glaive terrible ?
Non, je ne voudrais pas de l'or du monde entier
  Si par un crime il fallait le payer.
 J'aimerais mieux, en paix avec moi-même,
N'avoir que mes brebis, n'en eussé-je que deux !
  J'en immolerais une aux dieux
  Pour bénir leur bonté suprême.

DAMÈTE.

Viens, je veux te montrer un monument plus beau :
Suis-moi jusqu'à la tombe où repose mon père.

MILON.

 Il a laissé dans le hameau
 Un souvenir que je révère.
Je te suis. Alexis gardera mon troupeau.

DAMÈTE.

 Tout ce que tu vois est l'ouvrage
 De ses industrieux efforts.
 Cette contrée était sauvage,
 Il y fit germer des trésors.
 C'est lui qui planta ce bocage,
 C'est lui qui pour baigner nos bords

Attira ce ruisseau de son lointain rivage :
Et voici son tombeau sous ce riant ombrage !
    On dirait que du sein des morts
Il embellit pour nous son modeste héritage !

MILON.

Ami, des dieux vengeurs adorons l'équité :
Ils brisent le tombeau d'un tyran détesté
Qui par les pleurs du monde a signalé sa gloire.
Tandis que ce mortel, cher à l'humanité,
Fait respecter sa cendre et chérir sa mémoire.

(Léonard.)

ANALYSE.

Analysez, classez et appréciez cette pièce.

---

§ 50. HISTOIRE DE LA POÉSIE PASTORALE.

QUESTIONS THÉORIQUES.

1. Quelle est l'origine de la poésie pastorale ?

2. Quel est le véritable père de la poésie bucolique telle que nous la concevons aujourd'hui ?

3. Qu'est-ce que Moschus et Bion qui vinrent quelque temps après Théocrite ?

4. Chez les Romains quel poëte s'est distingué dans la poésie pastorale ?

5. Quels sont chez nous les poëtes qui se sont exercés dans la poésie pastorale ?

6. Qu'est-ce que Racan ?

7. Qu'est-ce que Ségrais ?

8. Qu'est-ce que Mme Deshoulières ?

9. Quelle est des idylles de Mme Deshoulières celle qu'on se rappelle le plus souvent ?

10. Qu'est-ce que Fontenelle ?

11. Qu'est-ce que La Motte ?

5.

12. Sont-ce là tous nos poëtes bucoliques?
13. Ne vante-t-on pas beaucoup Léonard?

EXERCICES.

91ᵉ SUJET.

Je donne à mon désert les restes de ma vie
Pour ne dépendre plus que du ciel et de moi.
Le temps et la raison m'ont fait perdre l'envie
D'encenser la faveur et de suivre le roi.

Faret, je suis le roi des bois où je demeure,
J'y trouve la santé de l'esprit et du corps.
Approuve ma retraite, et permets que je meure
Dans le même village où mes pères sont morts.

J'ai fréquenté la cour où ton conseil m'appelle,
Et sous le grand Henri je la trouvai si belle
Que ce fut à regret que je lui dis adieu.

Mais les ans m'ont changé; le monde m'importune :
Et j'aurais de la peine à vivre dans un lieu
Où toujours la vertu se plaint de la fortune.

(Maynard.)

O bienheureux celui qui peut de sa mémoire
Effacer pour jamais ce vain espoir de gloire
Dont l'inutile soin traverse nos plaisirs ;
Et qui loin retiré de la foule importune,
Vivant dans sa maison, content de sa fortune,
A selon son pouvoir mesuré ses désirs.

Il laboure le champ que labourait son père :
Il ne s'informe pas de ce qu'on délibère,
Dans ces graves conseils d'affaires accablés :
Il voit sans intérêt la mer grosse d'orages,
Et n'observe des vents les sinistres présages
Que pour le soin qu'il a du salut de ses blés

Roi de ses passions, il a ce qu'il désire ;
Son fertile domaine est son petit empire,

Sa cabane est son Louvre et son Fontainebleau.
Ses champs et ses jardins sont autant de provinces;
Et sans porter envie à la pompe des princes,
Il est content chez lui de les voir en tableau.

(Racan.)

MÉRIS.

Tu reviens de la ville, Amyntas : nos hameaux
En sont-ils à tes yeux moins charmants ou plus beaux?
Si du choix de ton sort le ciel t'avait fait maître,
Citadin ou berger, que choisirais-tu d'être?

AMYNTAS.

Je serais bien fâché d'hésiter sur le choix.
A la ville aime-t-on comme on aime en nos bois?
J'ose te l'avouer. J'ai fait voir ces idylles
Où tu peins nos amours délicats et tranquilles;
Ces chants, ces vers si doux, le croirais-tu, Méris,
Ils les ont entendus sans en être attendris.

MÉRIS

Tu ne m'étonnes point. La tendresse sincère
A des cœurs dissipés doit paraître étrangère.
Leur plus parfait amour n'est qu'un amusement.
Ils ne conçoivent pas que l'on aime autrement.
Ils cherchent les honneurs, le faste, la puissance,
Plaisirs éblouissants qui n'ont que l'apparence.
Mais de ces faux plaisirs ils sont trop occupés
Et des plaisirs réels ils ne sont plus frappés.
Pour nous à qui le ciel, ami de l'innocence,
Accorde une modeste et frugale abondance,
Nous vivons en ces lieux, sans besoins, sans désirs,
Que ceux où la nature attacha les plaisirs.
Dans cette aimable vie à la paix destinée,
La science d'aimer s'est perfectionnée :
L'amour de père en fils et d'amants en amants
Nous a fait pénétrer ses plus doux sentiments :
Et nos cœurs dès longtemps disciples d'un tel maître,
Ne connaissant que lui doivent mieux le connaître.

(La Motte.)

ANALYSE.

Appréciez, classez et comparez ces trois pièces.

92ᵉ SUJET.

Depuis Mme Deshoulières, dont le talent était bien au-
dessous de la réputation qu'elle a eue, le genre de l'idylle a été
fort négligé parmi nous. Quelques-uns de nos beaux esprits, dont
le cœur froid n'avait jamais été ému des beautés de la nature,
avaient osé jeter du ridicule sur les peintures champêtres ;
d'autres, privés de goût et de sentiment, les avaient rendues
ridicules en effet, en les chargeant d'ornements affectés. Ils
transportaient dans les campagnes le luxe des jardins de Versailles ou de Marly, transformaient les bergers en courtisans
raffinés, ingénieux et subtils. Ce sont les Allemands qui ont fait
revivre la poésie pastorale que le faux bel esprit avait étouffée
en France. La belle nature perçait à travers les défauts d'une
composition gênée et un peu bizarre, et la nature ne perd
jamais tous ses droits. Elle se fit sentir aux lecteurs français, et
quelques-uns de nos poëtes, qui négligeaient les meilleurs modèles que l'antiquité nous a laissés en ce genre, se tournèrent
vers les Allemands qui n'étaient que des imitateurs un peu
grossiers des anciens originaux. M. Léonard est celui qui nous
paraît s'être le plus distingué dans cette imitation des idylles
allemandes.   (Clément, *Essais de critique*.)

ANALYSE.

Examinez, expliquez et appréciez cette critique.

---

§ 51. ÉPITRE EN VERS.

QUESTIONS THÉORIQUES.

1. Qu'est-ce que *l'épître en vers?*
2. Quelles règles a-t-elle comme lettre en vers?
3. Quelle peut être la matière de l'épître en vers ?
4. Comment a-t-on divisé le genre de l'épître ?

5. Qu'est-ce que les *épîtres philosophiques?*

6. Quelles qualités doivent distinguer ce genre?

7. Quel vers convient le mieux à l'épître philosophi-que?

8. Comment s'appelle la dissertation philosophique, quand elle n'est adressée à personne?

9. Qui est-ce qui a le premier employé ce nom de *discours en vers?*

10. Quel vers convient à l'*épître badine* ou *familière?*

11. Qu'est-ce qui la caractérise?

12. Qu'est-ce que l'*héroïde?*

13. D'où vient ce nom?

14. Que peut-on dire de l'héroïde en général?

15. Quelles sont les règles de cette poésie?

EXERCICES.

93ᵉ SUJET.

. . . .
Mais vous, mon cher monsieur Clément (de Dijon),
Tâchez donc d'aimer quelque chose.
Çà, causons ensemble un moment.
Tenez, soyons vrais ; moi je pense,
Quoiqu'exprès vous n'en disiez rien,
Que Voltaire pourrait fort bien
Être un auteur plein d'éloquence.
Brutus survit à trente hivers.
Un tel argument persuade ;
Même après avoir lu vos vers
On lit encor *la Henriade.*
Modérez-vous, car je suis prêt,
Pour peu que l'on me contrarie,
D'adorer *Nanine* en secret,
D'aimer *Zaïre* à la folie,
Et de soupçonner du génie
Dans vingt scènes de *Mahomet.*

J'en suis confus, mais entre nous
Je trouve que l'auteur d'*Alzire*
Répand, même dans la satire,
Plus de grâce et de sel que vous.

J'ose plus; j'aime assez le style
Un peu froid, mais bien cadencé
De ce traducteur de Virgile (Delille),
Que dans une prose incivile
Vous avez durement tancé
Contre l'esprit de l'Évangile.
Et moi-même, si malmené
Dans vos officieux libelles,
J'ai de temps en temps griffonné
D'assez plaisantes bagatelles.

Eh! croyez-moi, calmez vos sens :
Pensez-vous sortir des ténèbres
Par ces opuscules mordants?
Faut-il nuire aux pauvres vivants
Pour faire honneur aux morts célèbres?
Chaque dieu mérite un autel.
Ayons l'esprit doux, l'âme bonne :
Buffon, sans déchirer personne,
Court grand risque d'être immortel.

Mais que fais-je? quelle folie?
Moi, par des conseils indiscrets
Gêner la pente du génie!
Pardon, mon cher, je me soumets.
Votre étoile vous justifie.
Broyez du noir, lancez vos traits;
Goûtez les plaisirs de l'envie :
Versez le fiel sur les succès,
Et distinguez-vous désormais
Par ce doux emploi de la vie.

Pour nous, sachons le prix du temps :
Amis, accourez sur mes traces.
Sous les ombrages du printemps,
Buvons à la concorde, aux grâces,
A la franchise, aux bons plaisants.
Dans des flots d'aï pétillant
Noyons les souvenirs cuisants
De nos littéraires disgrâces.

Mélons des palmes à des fleurs;
Je veux qu'on soit juste, qu'on s'aime,
Et que l'on pardonne aux sots même,
S'ils ne sont pas persécuteurs.

(Dorat.)

ANALYSE.

Classez et appréciez cette pièce.

---

§ 52. SATIRE.

QUESTIONS THÉORIQUES.

1. Qu'est-ce que la *satire?*

2. Comment la satire se distingue-t-elle d'avec la comédie?

3. Combien y a-t-il de sortes de satires?

4. Dans quel cas a-t-on pu dire qu'il y a toujours dans le cœur du satirique un germe de cruauté qui se couvre de l'intérêt de la vertu pour avoir le plaisir de déchirer au moins le vice?

5. Pourquoi ne peut-on pas dire cela de la satire badine?

6. Que recommande-t-on pour la satire brûlante ou incisive?

7. Boileau était très-réservé sur ce point; tous ses successeurs l'ont-ils imité en cela?

8. Y a-t-il quelque circonstance qui explique cette différence de ton?

9. Quel ton le poëte prend-il en général?

10. Quelle est la forme de la satire?

11. La satire ne s'appelle-t-elle jamais autrement?

EXERCICES.

94ᵉ SUJET.

Je hais surtout, je hais tout causeur incommode,
Tous ces demi-savants gouvernés par la mode,
Ces gens qui pleins de feu, peut-être pleins d'esprit,
Soutiendraient contre vous ce que vous aurez dit :
Un peu musiciens, philosophes, poëtes
Et grands hommes d'État formés par les gazettes,
Sachant tout, lisant tout, prompts à parler de tout,
Et qui contrediraient Voltaire sur le goût,
Montesquieu sur les lois, de Broglie sur la guerre,
Ou la jeune d'Egmont sur le talent de plaire.
Voyez-les s'emporter sur les moindres sujets,
Sans cesse répliquant, sans répondre jamais :
« Je ne céderais pas au prix d'une couronne.....
Je sens, le sentiment ne consulte personne...,
Oui, le roi serait là, je verrais là le feu....
Messieurs, la vérité mise une fois en jeu,
Doit-il nous importer de plaire ou de déplaire? »
— C'est bien dit : mais pourquoi cette roideur austère?
Hélas! c'est pour juger de quelques nouveaux airs,
Ou des deux Poinsinet lequel fait mieux les vers.
Auriez-vous par hasard connu feu monsieur d'Aube
Qu'une ardeur de dispute éveillait avant l'aube?
Contiez-vous un combat de votre régiment?
Il savait mieux que vous où? contre qui? comment!
Vous seul en auriez eu toute la renommée,
N'importe, il vous citait des lettres de l'armée,
Et, Richelieu présent, il aurait raconté
Ou Gênes défendue ou Mahon emporté;
D'ailleurs homme d'esprit, de sens et de mérite,
Mais son meilleur ami redoutait sa visite.
L'un bientôt rebuté d'une vaine clameur
Gardait en l'écoutant un silence d'humeur.
J'en ai vu, dans le feu d'une dispute aigrie,
Près de l'injurier le quitter de furie,
Et rejetant la porte à son double battant,
Ouvrir à leur colère un champ libre en sortant.

Ses neveux, qu'à sa suite attachait l'espérance,
Avaient vu dérouter toute leur complaisance.
Un voisin asthmatique, en le quittant un soir,
Lui dit : « Mon médecin me défend de vous voir. »
Et parmi cent vertus cette unique faiblesse
Dans un triste abandon réduisit sa vieillesse.
Au sortir d'un sermon la fièvre le saisit ;
Las d'avoir écouté sans avoir contredit,
Et tout près d'expirer, gardant son caractère,
Il faisait disputer le prêtre et le notaire.
Que la bonté du ciel, arbitre de son sort,
Lui donne le repos que nous rendit sa mort !

                    (Rulhières, *les Disputes*.)

ANALYSE.

Examinez, classez et appréciez ce morceau.

---

§ 53. HISTOIRE DE LA SATIRE.

QUESTIONS THÉORIQUES.

1. La satire a-t-elle toujours représenté le même fond, ou la même forme?

2. Qu'était-elle chez les Grecs?

3. Quels étaient les acteurs dans la satire grecque?

4. Comment doit-on écrire ce mot dans ce sens?

5. Quelle a été la satire chez les Romains?

6. D'où vient ce nom de *satire?*

7. Que devint la satire sous Livius Andronicus?

8. Comment l'appelait-on?

9. Que devint-elle sous Ennius et Pacuvius?

10. Quel poëte vint après eux?

11. Quels poëtes vinrent après Lucile?

12. Avons-nous en France beaucoup de poëtes satiriques?

13. Quels sont les principaux de ces poëtes?
14. Qu'était-ce que Regnier?
15. Qu'est-ce que Boileau?
16. Que dit de lui le marquis d'Argens?
17. Qu'est-ce que Gilbert?
18. Que dites-vous de Chénier et de Despazes?

EXERCICES.

95e SUJET.

Il faut toujours aux grands seigneurs
Rendre toute sorte d'honneurs ;
Les aimer, c'est une autre affaire.
Qui ne les connaît qu'à demi
S'honore d'être leur ami.
Qui les connaît bien, ne l'est guère.

Ils sont d'un commerce très-doux
Tant qu'ils ont affaire de vous.
Hors de là, c'est tout le contraire,
Comme si tout leur était dû,
Chez eux, d'un service rendu
L'ingratitude est le salaire.

Il ne leur faut pour serviteurs
Que de fades adulateurs :
La vérité leur est amère.
Approchez d'eux comme du feu :
Les bien connaître et les voir peu,
C'est le mieux que vous puissiez faire.

Au dehors ils semblent heureux,
Et tout semble être fait pour eux.
Au dedans ce n'est que misère.
Chaque passion tour à tour,
Comme une espèce de vautour,
Les déchire et les désespère.
Ce sont des ballons que le sort
Pousse en l'air ou plus ou moins fort :

Et dont il joue à sa manière.
Des globes de savon et d'eau
Que forme au bout d'un chalumeau
D'un enfant l'haleine légère.

Chaque globe est plus ou moins grand,
Puis tous ne sont pleins que de vent :
Telle est des grands la troupe entière.
Dès l'enfance à l'erreur livrés,
Et de la vérité sevrés,
Ils se repaissent de chimère.

A peine ont-ils le sens commun.
J'en excepte pourtant quelqu'un
Que j'estime et que je révère.
Le reste n'est bon qu'à noyer :
Aussi, j'opine à l'envoyer
Par le plus court à la rivière.

(Regnier Desmarets.)

ANALYSE.

Classez et appréciez cette pièce de vers.

96ᵉ SUJET.

La littérature au XIXᵉ *siècle.* — Demandez si l'art tragique s'est agrandi au commencement de ce siècle? Non. Les drames sont mal écrits, et l'exagération des idées, comme la boursouflure du style, nous dégoûte de la scène sérieuse. — Avons-nous du moins plus de succès dans le genre gai? — Non. Il n'y a plus de véritable gaieté dans la comédie. — Quoi donc! Collin d'Harleville et Picard sont-ils sans mérite?— Non assurément : ils en ont beaucoup. Mais il y a hors d'eux une foule d'auteurs prétendus comiques qui ne savent faire rire qu'à l'aide de grimaces, de quolibets, etc.

§ 54. ÉLÉGIE.

QUESTIONS THÉORIQUES.

1. Quel est le vrai caractère de l'*élégie?*
2. A-t-il changé depuis l'origine?
3. A quoi cette sorte de poésie est-elle consacrée?
4. Quel est le style de l'élégie?
5. Tout ce que nous disons de l'élégie était-il vrai pour les Grecs et les Latins?
6. Qu'était-ce que l'élégie pour eux?
7. Donnez un exemple de cette différence de sens chez les Anciens et chez nous.
8. Que faut-il pour réussir dans l'élégie?
9. A quoi se réduit ainsi toute la poétique de l'élégie?

EXERCICES.

97e SUJET.

Les cieux inexorables
Me sont si rigoureux
Que les plus misérables
Se comparant à moi se trouveraient heureux.

Toute paix , toute joie
A pris de moi congé ,
Laissant mon âme en proie
A cent mille soucis dont mon cœur est rongé.

La pitié , la justice ,
La constance et la foi
Cédant à l'artifice
Dedans les cœurs humains sont éteintes pour moi.

L'ingratitude paie
Ma fidèle amitié ;
La calomnie essaie
A rendre mes tourments indignes de pitié.

En un cruel orage
On me laisse périr :
Et courant au naufrage
Je vois chacun me plaindre, et nul me secourir.

Et ce qui rend plus dure
La misère où je vi,
C'est ès maux que j'endure
La mémoire de l'heur que le ciel m'a ravi.

Félicité passée
Qui ne peux revenir,
Tourment de ma pensée,
Que n'ai-je en te perdant perdu le souvenir?

Hélas! il ne me reste
De mes contentements
Qu'un souvenir funeste
Qui me les convertit à toute heure en tourments.

Le sort plein d'injustice
M'ayant enfin rendu
Ce reste un pur supplice,
Je serais plus heureux si j'avais plus perdu.

(Bertaut.)

ANALYSE.

Examinez, classez et appréciez cette pièce ; et comme
le style a vieilli en quelques endroits, puisqu'elle est de
la fin du XVIᵉ siècle, faites à ce sujet quelques obser-
vations, soit littéraires, soit grammaticales.

98ᵉ SUJET.

Supposez un vieux guerrier, un barde écossais, aveugle depuis longtemps, qui célèbre la beauté et la magnificence du
soleil ; il reviendra par un retour bien naturel à sa propre
infirmité, qu'il déplore, et prévoyant que le soleil lui-même
pourrait bien n'avoir qu'un temps, annoncera sa disparition
comme possible.

§ 55. HISTOIRE DE L'ÉLÉGIE.

QUESTIONS THÉORIQUES.

1. Quels sont les élégiaques grecs?
2. Que nous reste-t-il d'eux?
3. Quels sont les élégiaques latins?
4. Ne nomme-t-on pas aussi Gallus?
5. Avons-nous des poëtes élégiaques en France?
6. Malherbe a-t-il fait quelque élégie?
7. La Fontaine a-t-il fait aussi des élégies?
8. Chénier a-t-il fait aussi quelque élégie?
9. Qu'a fait Fontanes dans ce genre?
10. Qu'a fait C. Delavigne?
11. Quelle est la seconde acception du mot *poëtes élégiaques?*
12. Quels sont les plus remarquables des poëtes qui se sont consacrés spécialement à l'élégie?
13. Ne cite-t-on pas aussi Parny et Bertin?

EXERCICES.

99ᵉ SUJET.

« Ramenez-moi, disais-je, au fortuné rivage
Où Naples réfléchit dans une mer d'azur
Ses palais, ses coteaux, ses astres sans nuage,
Où l'oranger fleurit sous un ciel toujours pur.
Que tardez-vous? Partons. Je veux revoir encore
Le Vésuve enflammé sortant du sein des eaux :
Je veux de ses hauteurs voir se lever l'aurore;
Je veux, guidant les pas de celle que j'adore
Redescendre en rêvant de ses riants coteaux.
Suis-moi dans les détours de ce golfe tranquille.
Retournons sur ces bords à nos pas si connus,
Aux jardins de Cynthie, au tombeau de Virgile,

Près des débris épars du temple de Vénus :
Là, sous les orangers, sous la vigne fleurie,
Dont le pampre flexible au myrte se marie,
Et tresse sur ta tête une voûte de fleurs,
Au doux bruit de la vague ou du vent qui murmure,
Seuls avec notre amour, seuls avec la nature,
La vie et la lumière auront plus de douceurs. »

De mes jours pâlissants le flambeau se consume :
Il s'éteint par degrés au souffle du malheur,
Ou s'il jette parfois une faible lueur,
C'est quand ton souvenir dans mon sein le rallume.
Je ne sais si les dieux me permettront enfin
D'achever ici-bas ma pénible journée.
Mon horizon se borne, et mon œil incertain
Ose l'étendre à peine au delà d'une année.
    Mais s'il faut périr au matin,
S'il faut sur une terre au bonheur destinée
    Laisser échapper de ma main
    Cette coupe que le destin
Semblait avoir pour moi de roses couronnée,
Je ne demande aux dieux que de guider mes pas
Jusqu'aux bords qu'embellit ta mémoire chérie,
De saluer de loin ces fortunés climats,
Et de mourir aux lieux où j'ai goûté la vie.

        (M. de Lamartine, *Nouv. inédit. poét.*, n° 12.)

ANALYSE.

Examinez, classez et appréciez cette pièce de vers.

---

§ 56. POÉSIE LYRIQUE.

QUESTIONS THÉORIQUES.

1. Qu'est-ce que la *poésie lyrique* en général?
2. Pourquoi dites-vous qu'on la suppose destinée à être chantée?

3. Pourquoi a-t-on appelé cette poésie *lyrique?*

4. Que signifie le mot *Ode?*

5. Comment peut-on encore définir la *poésie lyrique?*

6. Qu'est-ce que l'*enthousiasme* ou la *fureur poétique?*

7. Qu'est-ce que c'est au fond que cet enthousiasme?

8. Comment s'explique cette passion exagérée?

9. Quelles sont les règles spéciales à la poésie lyrique?

10. Quel doit être le *début de l'ode?*

11. Qu'est-ce que le *sublime dans les sentiments* ou les *images?*

12. N'y a-t-il pas alors quelque exagération chez le poëte?

13. Qu'est-ce que les *écarts* dans l'ode?

14. Donnez un exemple.

15. Où doivent se trouver les écarts?

16. Qu'est-ce que les *digressions* de l'ode?

17. Donnez un exemple.

18. Qu'est-ce que le *désordre dans l'ode?*

19. Qu'est-ce que Boileau a dit de ce désordre?

20. A quoi servent en général les écarts et les digressions?

21. Quelles conséquences tire-t-on naturellement de tout ce que nous venons de dire?

22. Quelle est la première conséquence?

23. Quelle est la seconde conséquence?

EXERCICES.

100e SUJET.

Si la loi du Seigneur vous touche,
Si le mensonge vous fait peur,
Si la justice en votre cœur
Règne aussi bien qu'en votre bouche,
Parlez, fils des hommes, pourquoi
Faut-il qu'une haine farouche
Préside aux jugements que vous lancez sur moi ?

C'est vous de qui les mains impures
Trament le tissu détesté
Qui fait trébucher l'équité
Dans le piége des impostures.
Lâches aux cabales vendus,
Artisans de fourbes obscures,
Habiles seulement à noircir les vertus.

L'hypocrite en fraudes fertile
Dès l'enfance est pétri de fard.
Il sait colorer avec art
Le fiel que sa bouche distille :
Et la morsure du serpent
Est moins aiguë et moins subtile
Que le venin caché que sa langue répand.

En vain le sage les conseille :
Ils sont inflexibles et sourds ;
Leur cœur s'assoupit aux discours
De l'équité qui les réveille ;
Plus insensibles et plus froids
Que l'aspic qui ferme l'oreille
Aux sons mélodieux d'une touchante voix.

Mais de ces langues diffamantes
Dieu saura venger l'innocent :
Je le verrai ce Dieu puissant
Foudroyer leurs têtes fumantes ;
Il vaincra ces lions ardents,
Et dans leurs gueules écumantes
Il plongera la main et brisera leurs dents.

E. 6

Ainsi que la vague rapide
D'un torrent qui tombe à grand bruit,
Se dissipe et s'évanouit
Dans le sein de la terre humide ;
Ou comme l'airain enflammé
Fait fondre la cire fluide,
Qui bouillonne à l'aspect du brasier allumé :

Ainsi leurs grandeurs éclipsées
S'anéantiront à nos yeux.
Ainsi la justice des cieux
Confondra leurs lâches pensées.
Leurs dards deviendront impuissants
Et de leurs pointes émoussées
Ne pénètreront plus le sein des innocents.

Avant que leurs tiges célèbres
Puissent pousser des rejetons,
Eux-mêmes, tristes avortons
Seront cachés dans les ténèbres.
Et leur sort deviendra pareil
Au sort de ces oiseaux funèbres
Qui n'osent soutenir les regards du soleil.

C'est alors que de leur disgrâce
Les justes riront à leur tour :
C'est alors que viendra le jour
De punir leur superbe audace ;
Et que sans paraître inhumains,
Nous pourrons extirper leur race
Et laver dans leur sang nos innocentes mains.

Ceux qui verront cette vengeance
Pourront dire avec vérité
Que l'injustice et l'équité
Tour à tour ont leur récompense.
Et qu'il est un Dieu dans les cieux
Dont le bras soutient l'innocence
Et confond des méchants l'orgueil ambitieux.

                                        (J. B. Rousseau.)

ANALYSE.

Examinez et classez cette pièce, et faites-en connaître
les diverses parties.

101e SUJET.

Pendant les guerres de l'empire, un poëte suppose qu'il est transporté à Westminster où sont ensevelis les rois d'Angleterre ; et que Georges III, engagé alors dans la guerre contre Napoléon, y vient consulter sur l'issue de cette entreprise Édouard III, le vainqueur de Crécy. Mais le prince évoqué n'annonce rien d'heureux à son successeur. Au contraire, il lui présage la défaite de l'Angleterre. — Trouvez, dans l'apparition et la réponse du fantôme, la matière de deux ou trois strophes.

---

§ 57. FORMES DE L'ODE ET SES DIVERSES ESPÈCES.

QUESTIONS THÉORIQUES.

1. Quelle est la *forme de l'ode ?*

2. Comment l'ode était-elle faite chez les Grecs ?

3. Qu'était-ce que ces trois parties, la strophe, l'antistrophe et l'épode ?

4. N'y avait-il rien qui accompagnât les vers ?

5. Quelles espèces d'odes ont les Français ?

6. Quelle est la forme dans la première espèce ?

7. Cette règle de l'égalité des strophes est-elle absolue ?

8. Y a-t-il une autre combinaison que celle qui consiste à changer après quelque temps le système des stances ?

9. N'y a-t-il pas une disposition encore moins sévère ?

10. Qu'est-ce que les *cantates ?*

11. Combien y distingue-t-on de parties ?

12. Qu'est-ce que le *récitatif ?*

13. Qu'est-ce qu'un *air ?*

14. Emploie-t-on le nom d'*ode* quand l'égalité, ou la succession régulière des stances, ne s'y trouve pas?

15. Qu'est-ce que le *cantique?*

16. Qu'est-ce que le *psaume?*

17. Qu'est-ce que l'*hymne?*

18. Qu'est-ce que le *dithyrambe?*

19. Qu'est-ce que le dithyrambe chez nous?

EXERCICES.

102ᵉ SUJET.

« Dieu n'est point, dit l'impie; il n'est point, et la terre
Adore un être nul par la peur encensé;
La peur forgea son maître au seul bruit d'un tonnerre
    Qu'il n'a jamais lancé.

Le vice et la vertu sont des noms arbitraires;
Le plaisir, l'intérêt, la force sont nos droits :
Laissons aux malheureux, laissons aux cœurs vulgaires
    Les autels et les lois.

Quand la mort l'a frappé, que reste-t-il à l'homme?
Notre esprit est un souffle et le temps une fleur.
Que ce temps précieux dans les jeux se consomme,
    Et mourons sans douleur. »

— Tu mourras en effet, mais non comme tu penses :
Ce souffle prétendu survit à ton trépas.
C'est une âme immortelle et le Dieu des vengeances
    Ne l'anéantit pas.

Le frère alors n'est point racheté par le frère :
L'homme ne peut pour l'homme obtenir de faveur.
Le tribunal du ciel ne met point à l'enchère
    Les arrêts du Seigneur.

Homme épris de toi-même, enflé de ta fortune,
Te crois-tu dans la vie exempt des coups du sort?
Crois-tu, dans ce haut rang, malgré la loi commune,
    T'affranchir de la mort?

Tout meurt : le fou, le sage également périssent ;
Au faîte des honneurs l'impie est parvenu :
Sa trace disparaît et ses biens enrichissent
     Un mortel inconnu.

Il pensait dans son cœur que jusqu'aux derniers âges
Ses palais par le temps ne seraient point frappés :
Il nommait de son nom les vastes héritages
     Qu'il avait usurpés.

L'ambitieux s'abuse et jamais n'examine
Où mènent les grandeurs, où ira leur cours.
Il vit comme la brute, et comme elle il termine
     Ses désirs et ses jours.

Ne murmurez donc pas quand un riche s'élève ;
Tout seconde, il est vrai, ses orgueilleux efforts :
Mais qu'importe ? attendez que sa course s'achève
     Et prononcez alors.

Ces titres si pompeux, qui vivront dans l'histoire,
Ces biens le suivront-ils au delà du trépas ?
Non : rien ne l'accompagne, il expire, et sa gloire
     S'éclipse entre ses bras.

Honneurs, biens passagers, vous êtes le partage
Des grands, du publicain lâche et voluptueux :
Héritage éternel, tu seras l'apanage
     Du pauvre vertueux.

La pauvreté du juste est un trésor durable,
Qui devient, quand il meurt, son plus solide appui :
La dépouille du riche est un bien périssable
     Qui parle contre lui.

Ainsi dans l'innocence et l'exacte justice
Fortifions notre âme, affermissons nos pas :
Que le succès du crime et le bonheur du vice
     Ne nous affligent pas.

Laissons les cours des rois dans l'ivresse assoupies
Voir les malheurs publics d'un œil indifférent :
Laissons aux grands du siècle, aux tyrans, aux impies,
     Leur triomphe apparent.

De ces heureux mondains voyez l'heure dernière :
L'effroi, le désespoir annoncent leur destin;
La paix conduit le juste au bout de sa carrière
    Et couronne sa fin.

Seigneur, ton jour viendra pour ceux qui te maudissent :
Le leur sera passé sans espoir de retour.
Ton jour viendra, Seigneur, pour ceux qui te bénissent
    Et ce sera leur jour.

              (Lefranc de Pompignan.)

ANALYSE.

Examinez, classez et appréciez cette pièce.

103ᵉ SUJET.

Arbres dépouillés de verdure,
    Malheureux cadavres des bois,
Que devient aujourd'hui cette riche parure
    Dont je fus charmé tant de fois ?
Je cherche vainement dans cette triste plaine
Les oiseaux, les zéphirs, les ruisseaux argentés.
Les oiseaux sont sans voix, les zéphirs sans haleine,
    Et les ruisseaux dans leur cours arrêtés.
Les aquilons fougueux règnent seuls sur la terre,
    Et mille horribles sifflements
    Sont les trompettes de la guerre
Que leur fureur déclare à tous les éléments.

    Le soleil, qui voit l'insolence
    De ces tyrans audacieux,
    N'ose étaler en leur présence
    L'or de ses rayons précieux.

    La crainte a glacé son courage,
    Il est sans force et sans vigueur :
    Et la pâleur sur son visage
    Peint sa tristesse et sa langueur.

    Le soleil, qui voit l'insolence
    De ces tyrans audacieux,
    N'ose étaler en leur présence
    L'or de ses rayons précieux.

Du tribut que la mer reçoit de nos fontaines,
Indignés et jaloux, leur souffle mutiné
    Tient les fleuves chargés de chaînes
Et soulève contre eux l'Océan déchaîné.
    L'orme est brisé, le cèdre tombe :
    Le chêne le plus dur succombe,
    Sous leurs efforts impérieux,
Et les saules couchés étalant leur ruine,
Semblent baisser leur tête et lever leur racine
    Pour implorer la vengeance des cieux.

    Bois paisibles et sombres
    Qui prodiguiez vos ombres
    Aux larcins amoureux,
    Expiez tous vos crimes,
    Malheureuses victimes
    D'un hiver rigoureux.

    Tandis qu'assis à table,
    Dans un réduit aimable,
    Sans soins et sans amour.
    Près d'un ami fidèle.
    De la saison nouvelle
    J'attendrai le retour.

                    (J. B. Rousseau.)

ANALYSE.

Examinez, classez et appréciez cette pièce,

---

§ 58. HISTOIRE DE L'ODE.

QUESTIONS THÉORIQUES.

1. Quelle fut la première expression lyrique?

2. Où trouve-t-on les plus beaux modèles de la poésie lyrique élevée?

3. David ne s'est-il pas distingué dans la poésie lyrique?

4. Plus tard, qui trouve-t-on chez les Juifs?

5. Y a-t-il aussi dans le Nouveau Testament quelques chants lyriques?

6. Les Grecs ont-ils eu des poëtes lyriques?

7. Quels sont ces poëtes?

8. Quel est le plus célèbre d'entre eux?

9. Que dites-vous d'Anacréon?

10. Quel est le premier et le seul des Latins qui ait réussi parfaitement dans l'ode?

11. Quel est le premier, en France, qui ait montré l'ode dans son véritable état?

12. Quel défaut trouve-t-on à Malherbe?

13. Qu'est-ce qui est venu après Malherbe?

14. La France compte-t-elle un troisième lyrique?

EXERCICES.

104ᵉ SUJET.

Par cet exploit fatal en tous lieux va renaître
La bonne opinion du courage françois
Et le monde croira, s'il faut avoir un maître,
    Qu'il faut que tu le sois.

Oh ! que pour avoir part en si belle aventure,
Je me souhaiterais la fortune d'Éson,
Qui, vieil comme je suis, revint contre nature
    En sa jeune saison.

De quel péril extrême est la guerre suivie
Où je ne fisse voir que tout l'or du Levant
N'a rien que je compare aux honneurs d'une vie
    Perdue en te servant !

Toutes les autres morts n'ont mérite ni marque :
Celle-ci porte seule un éclat radieux
Qui fait revivre l'homme, et le met de la barque
    A la table des dieux.

Mais quoi! tous les pensers dont les âmes bien nées
Excitent leur valeur et flattent leur devoir,
Que sont-ce que regrets, quand le nombre d'années
    Leur ôte le pouvoir?

Je suis vaincu du temps, je cède à ses outrages :
Mon esprit seulement exempt de sa rigueur
A de quoi témoigner dans ses derniers ouvrages
    Sa première vigueur.

Les puissantes faveurs dont Parnasse m'honore
Non loin de mon berceau commencèrent leur cours :
Je les possédai jeune, et les possède encore
    A la fin de mes jours.

Ce que j'en ai reçu, je veux te le produire :
Tu verras mon adresse, et ton front cette fois
Sera ceint de rayons qu'on ne vit jamais luire
    Sur la tête des rois.

Soit que de tes lauriers ma lyre t'entretienne,
Soit que de tes bontés je la fasse parler,
Quel rival assez vain prétendra que la sienne
    Ait de quoi m'égaler?

Le fameux Amphion, dont la voix non-pareille,
Bâtissant une ville étonna l'univers,
Quelque bruit qu'il ait eu, n'a point fait de merveille
    Que ne fassent mes vers.

Par eux de tes beaux faits la terre sera pleine :
Et les peuples du Nil qui les auront ouïs
Donneront de l'encens comme ceux de la Seine
    Aux autels de Louis.
                (Malherbe.)

ANALYSE CRITIQUE.

Examinez cette ode de Malherbe, et montrez successivement les qualités, les défauts, qu'elle semble avoir
de nos jours.

105ᵉ SUJET.

Fuyons ; j'aperçois la colère :
De la raison qui nous éclaire

                  6.

Son souffle obscurcit le flambeau.
Sous ses pas naît la perfidie
Dans sa main au crime enhardie
Brille un sacrilége couteau.

Fuyons loin : ceux qu'elle envisage,
Bientôt infectés de sa rage,
Trament cent projets odieux.
Nul obstacle ne les arrête,
Le fer levé, ni la tempête
Ni la voix tonnante des dieux.

La Pythie au regard farouche,
Quand l'oracle sort de sa bouche
Et que le dieu saisit son cœur,
Ou le corybante terrible
Dans son plus grand trouble, est paisible
Près de leur hideuse fureur.

C'est cette colère funeste
Qui jadis a nourri Thyeste
Du sang d'un fils qu'elle immola.
Festin détestable et parjure
Et qui surprit plus la nature
Que le soleil qui recula.

Une nuit détruisit Pergame.
La colère alluma la flamme
Qui l'anéantit à nos yeux.
Et par le succès même accrue
Elle fit passer la charrue
Sur les murs bâtis par les dieux.

Contente-toi de ces épreuves,
Mais du venin dont tu t'abreuves,
Monstre, ne souille point mes vers.
N'y mêle point les traits perfides
De ces iambes parricides
Qu'Archiloque expie aux enfers.

Que l'envie à son gré m'offense :
De ses traits cruels la vengeance
N'armera jamais mes discours.
Toi muse, qui me fus fidèle,
Si jamais mon dépit t'appelle
Abandonne-moi pour toujours.

Périsse la plume inhumaine
Qui, vil instrument de la haine
Répand un fiel injurieux.
Les beaux vers ont de puissants charmes,
Mais qu'ils sont de cruelles armes
Entre les mains d'un furieux !

Un poëte avide de nuire
De ceux qu'ils s'obstine à détruire
Trace d'infidèles tableaux :
Et trop sûr d'un malin suffrage
Il livre leur nom d'âge en âge
A des mépris toujours nouveaux.

Si quelque dépit nous anime,
Sans le confier à la rime
Tâchons d'affaiblir ses transports,
Et craignons que notre imprudence
En éternisant la vengeance
N'en éternise le remords.

                              (La Motte.)

ANALYSE CRITIQUE.

Dites ce que c'est que cette pièce ; examinez-en la forme, le ton général, le style, et dites ce que vous en pensez.

CHAPITRE XI.

GRANDS POËMES.

---

§ 59. POËME DIDACTIQUE.

QUESTIONS THÉORIQUES.

1. Quels sont les ouvrages en vers qu'on appelle spécialement des *poëmes?*

2. Que veut dire *didactique?*

3. Donnez des exemples.

4. Quelle est la matière du poëme didactique?

5. *L'ordre* est-il nécessaire dans ce genre de poëme?

6. Peut-on quelquefois négliger l'ordre?

7. Que faut-il outre l'ordre?

8. Y a-t-il des ornements propres au poëme didactique?

9. Que signifie le mot *épisode?*

10. Donnez-en un exemple.

11. Qu'est-ce que la *description?*

12. Donnez un exemple.

106e SUJET.

Faites l'analyse du poëme de Boileau sur l'*art poétique.* Indiquez-en la disposition ; marquez-en les épisodes ou descriptions s'il y en a ; caractérisez-en le style, et citez-en quelques exemples.

107e SUJET.

Déjà la Parque avide, au milieu de leur cours,
Charmante Lecouvreur, avait tranché tes jours.
Un poignard sur le sein, la pâle tragédie
Dans le même tombeau se crut ensevelie.
Et foulant à ses pieds les immortels cyprès,
D'un crêpe environna ses funèbres attraits.
Une actrice parut : Melpomène elle-même
Ceignit son front altier d'un sanglant diadème.
Dumesnil est son nom : l'amour et la fureur,
Toutes les passions fermentent dans son cœur.
Les tyrans à sa voix vont rentrer dans la poudre ;
Son geste est un éclair ; ses yeux lancent la foudre.
Quelle autre l'accompagne, et parmi cent clameurs,
Perce les flots bruyants de ses adorateurs?

Ses pas sont mesurés, ses yeux remplis d'audace,
Et tous ses mouvements déployés avec grâce :
Accents, gestes, silence, elle a tout combiné :
Le spectateur admire et n'est point entraîné.
De sa sublime émule elle n'a point la flamme,
Mais à force d'esprit, elle en impose à l'âme.
Quel auguste maintien! quelle noble fierté !
Tout jusqu'à l'art chez elle a de la vérité.
Vous devez avec soin consulter l'une et l'autre,
Et puiser dans leur jeu des leçons pour le vôtre.
Mais votre premier maître est surtout votre cœur.

(Dorat, *la Déclamation*, chant I.)

ANALYSE.

Examinez, et classez ce fragment.

108ᵉ SUJET.

Montrez, par deux ou trois exemples, combien il importe au théâtre que la taille ou la voix d'un acteur ou d'un chanteur soient en rapport avec le rôle dont ils sont chargés.

———

§ 60. DIVERSES ESPÈCES DU POËME DIDACTIQUE.

QUESTIONS THÉORIQUES.

1. Comment peut-on distinguer les poëmes didactiques?

2. Donnez un exemple.

3. Qu'est-ce que le poëme *descriptif* et le poëme *épisodique?*

4. Expliquez votre idée sur le poëme *descriptif*.

5. Expliquez-vous sur le poëme *épisodique*.

6. Comment l'appelle-t-on, par rapport à son défaut d'ensemble?

7. Comment peut-il exister un ouvrage semblable ?

8. Montrez l'infériorité d'un tel poëme.

EXERCICES.

109ᵉ SUJET.

Vous donc qui pour prêcher courez toute la terre,
Voulez-vous qu'un grand peuple assiége votre chaire ?
Voulez-vous enchérir les chaises et les bancs,
Et jusques au portail mettre en presse les gens ?
Que votre œil avec vous me convainque et me touche.
On doit parler de l'œil autant que de la bouche :
Que la crainte et l'espoir, que la haine et l'amour,
Comme sur un théâtre y parlent tour à tour.
Il est des damoiseaux dont l'œillade amoureuse
Accompagne toujours la phrase précieuse :
Qu'un air pareil jamais n'effémine vos yeux.
J'aimerais mieux encore ces prêcheurs furieux,
Qui, portant vers le ciel leurs regards effroyables,
Apostrophent les saints comme on chasse les diables :
Et qui, voulant prouver que le Seigneur est doux,
Gâtent leurs arguments par des yeux en courroux.
Surtout gardez-vous bien, mémoires chancelantes,
De montrer dans vos yeux deux prunelles roulantes.
Quelle pitié de voir l'orateur entrepris
Relire dans la voûte un sermon mal appris !
Vos yeux vous rendent sots de plus d'une manière :
Pourquoi, quand vous criez, fermez-vous la paupière ?
Tel jadis l'andabate, armé de son poignard,
Combattait à l'aveugle et vainquait par hasard.
Mais vous qui blâmez tant la paupière cousue,
Ne m'ouvrez pas des yeux où rien ne se remue.
Quel acteur êtes-vous lorsque vous me parlez ?
Votre gosier s'enflamme et vos yeux sont gelés.
C'est ainsi qu'autrefois on voyait les idoles
Sans animer leurs yeux animer leurs paroles :

Mais si votre œil , enfin , s'obstine à se glacer,
Au cercle de Benoît [1], il faudra vous placer.
Jadis un charlatan, docteur en médecine,
Devina (car chez eux vous savez qu'on devine)
Que l'œil pouvait avoir lui seul plus de cent maux :
Mais moi qui de cet œil dois compter les défauts,
Sans faire le devin j'en compte plus de mille.
Tantôt je ris de voir une paupière agile
Se mouvoir par article, et joindre à chaque instant
Le jour avec la nuit dans un œil clignotant.
Tantôt, d'un cours réglé la prunelle agitée,
D'un coin de l'œil à l'autre est sans cesse emportée.
Ainsi du Marché-Neuf, le Maure ingénieux [2],
Fait jouer par minute un ressort dans ses yeux.
L'un poussant dans les airs son regard plein de zèle,
Jusqu'au haut de son œil fait enfuir sa prunelle ;
L'autre, sans y penser, nous met dans l'embarras,
En voyant du côté qu'il ne regarde pas.
Ici, cet œil qui craint la trop grande lumière,
N'ose voir qu'à travers les poils de sa paupière.
Là, ce jeune étourdi regarde à tout hasard.
Mais voyons comment l'œil doit jeter son regard.
Veut-il de la tristesse exprimer les alarmes ?
Qu'une faible prunelle y nage dans les larmes.
Veut-il paraître gai? que les jeux et les ris
Fassent autour de lui mille agréables plis.
Doit-il être en fureur? que ses vives prunelles
D'une comète en feu dardent mille étincelles.
Doit-il être percé des traits de la pitié ?
Que la langueur l'abatte et le ferme à moitié.
Dans l'amour, il est doux; dans la haine, sévère :
Il est troublé, s'il craint; il est clair, s'il espère.
Dans un étonnement, il ne peut se mouvoir;
Dans une rêverie, il regarde sans voir.
L'œil sait toujours du cœur les premières nouvelles;
C'est lui qui le premier épouse ses querelles,
Qui sert ses passions, qui suit ses intérêts,
Qui n'est point en repos, si le cœur n'est en paix.

1. Ouvrier en figures de cire.
2. Tête de Maure qui remue les yeux dans l'horloge du Marché-Neuf.

L'œil, enfin, pleure ou rit quand le cœur le désire.
Mais que jamais le front n'ose les contrédire ;
Il faut qu'à sa manière il fasse ce qu'ils font :
Ce qu'on voit peint dans l'œil, doit être écrit au front, etc.

(Le père Sanlecque.)

ANALYSE.

Examinez, analysez et classez cette pièce.

110e SUJET.

Si le mal continue et que d'aucun repos
La fièvre n'ait borné ses funestes complots,
Dans les fébricitants il n'est rien qui ne pèche ;
Le palais se noircit et la langue se sèche.
On respire avec peine et d'un fréquent effort,
Tout s'altère, et bientôt la raison prend l'essor.
Le médecin confus redouble ses alarmes.
      Une famille tout en larmes
Consulte ses regards : il a beau déguiser,
Aucun des assistants ne s'y laisse abuser.
Le malade lui-même a l'œil sur leur visage,
Tout ce qui l'environne est d'un triste présage,
Sa moitié, ses enfants, l'un l'appui de ses jours,
Un autre entre les bras de ses chastes amours,
Une fille pleurante et déjà destinée
Aux prochaines douceurs d'un heureux hyménée.
Alors, alors il faut oublier ses plaisirs.
L'âme en soi se ramène, encor que nos désirs
Renoncent à regret à des restes de vie.
Douce lumière, hélas ! me seras-tu ravie ?
Ame, où t'envoles-tu sans espoir de retour ?
Le malade arrivé près de son dernier jour
Rappelle ces moments où personne ne songe
Aux remords trop tardifs où cet instant nous plonge.

(La Fontaine, poëme du Quinquina, chant I.)

ANALYSE CRITIQUE.

Dites ce que c'est que ce morceau, et relevez-y, s'il y a lieu, les fautes de pensée ou de style.

111ᵉ SUJET.

Il est bon de connaître les poids dont il est parlé dans les livres des médecins de l'antiquité. La nature a donné un poids à tous les corps. Chaque élément a son poids qui le gouverne. Le poids de la terre la retient immobile : et l'Éther dénué de pesanteur entraîne dans leur infatigable révolution les astres du monde qui tourne autour de nous. Je commencerai par les moindres poids; les gros viendront ensuite. Car un gros poids n'est autre chose que la réunion de plusieurs petits.

L'obole est le double de la demi-obole. Le double de l'obole se nomme un gramme. Nos ancêtres disaient un scrupule; d'autres donnent au scrupule le poids de six des graines renfermées dans la silique du caroubier, ou de seize lentilles, ou d'autant de graines d'épeautre, ou de quatre maigres lupins. Si ces choses avaient dans tous les climats un poids égal, les différentes nations auraient partout les mêmes poids. Mais ce poids varie, car tous ces végétaux ne sont point assujettis par la nature à des règles immuables ; ils changent selon la culture et les découvertes de l'homme. Trois scrupules forment une drachme ; ce poids désigne une monnaie d'argent d'un usage courant dans la docte Athènes. La halce diffère de la drachme, de nom seulement et non de valeur. Double la drachme et tu auras ce que tu entends appeler un *sicilique*. Si j'ajoute un scrupule à la drachme, j'obtiens ce qu'on nomme une *sextule*, parce que six sextules forment une once.   (Priscien, *Des poids et mesures*.)

ANALYSE.

Dites ce que vous pensez de ce commencement d'un poëme latin.

---

§ 61. HISTOIRE DE LA POÉSIE DIDACTIQUE.

QUESTIONS THÉORIQUES.

1. La poésie didactique, en ce sens du moins qu'elle donne des conseils et enseigne ce qu'il faut faire, est-elle bien ancienne?

2. Quel est le premier ouvrage que nous ayons dans ce genre ?

3. Quel est le plus célèbre des poëtes didactiques grecs, après Hésiode ?

4. Les Romains ont-ils réussi dans ce genre ?

5. Citez un de leurs grands poëtes didactiques.

6. Y a-t-il un autre poëte latin que Lucrèce, célèbre dans le même genre ?

7. Chez nous, le genre du poëme didactique a-t-il été fort cultivé ?

8. N'y a-t-il personne à citer après Boileau ?

EXERCICES.

112e SUJET.

Qui pourrait, ô soleil, t'accuser d'imposture ?
Tes immenses regards embrassent la nature :
C'est toi qui nous prédis ces tragiques fureurs
Qui couvent sourdement dans l'abîme des cœurs.
Quand César expira, plaignant notre misère,
D'un nuage sanglant tu voilas ta lumière.
Tu refusas le jour à ce siècle pervers :
Une éternelle nuit menaça l'univers.
Que dis-je ? tout sentait notre douleur profonde,
Tout annonçait nos maux : le ciel, la terre et l'onde,
Les hurlements des chiens et le cri des oiseaux.
Combien de fois l'Etna, brisant ses arsenaux,
Parmi des rocs ardents, des flammes ondoyantes,
Vomit en bouillonnant ses entrailles brûlantes !
Des bataillons armés dans les airs se heurtaient ;
Sous leurs glaçons tremblants les Alpes s'agitaient.
On vit errer la nuit des spectres lamentables ;
Des bois muets sortaient des voix épouvantables :
L'airain même parut sensible à nos malheurs ;
Sur le marbre amolli l'on vit couler des pleurs ;

La terre s'entr'ouvrit, les fleuves reculèrent,
Et pour comble d'effroi les animaux parlèrent.
Le superbe Éridan, le souverain des eaux,
Traîne et roule à grand bruit forêts, bergers, troupeaux ;
Le prêtre environné de victimes mourantes
Observe avec horreur leurs fibres menaçantes.
L'onde changée en sang roule ses flots impurs,
Des loups hurlant dans l'ombre épouvantent nos murs.
Même en un jour serein l'éclair luit, le ciel gronde,
Et la comète en feu vient effrayer le monde.

      (Virgile, *Géorg.*, chant I, trad. de Delille.)

ANALYSE.

Dites ce que c'est que ce morceau dans le premier chant des *Géorgiques* de Virgile, où l'auteur traite de la culture des champs et du blé.

113e SUJET.

On voit à l'horizon de deux points opposés
Des nuages monter dans les airs embrasés :
On les voit s'épaissir, s'élever et s'étendre,
D'un tonnerre éloigné le bruit s'est fait entendre.
Les flots en ont frémi, l'air en est ébranlé,
Et le long du vallon le feuillage a tremblé.
Les monts ont prolongé le lugubre murmure
Dont le son lent et sourd attriste la nature.
Il succède à ce bruit un calme plein d'horreur,
Et la terre en silence attend dans la terreur.
Des monts et des rochers le vaste amphithéâtre
Disparaît tout à coup sous un voile grisâtre :
Le nuage élargi les couvre de ses flancs ;
Il pèse sur les airs tranquilles et brûlants.
Mais des traits enflammés ont sillonné la nue,
Et la foudre en grondant roule dans l'étendue.
Elle redouble, vole, éclate dans les airs.
Leur nuit est plus profonde, et de vastes éclairs
En font sortir sans cesse un jour pâle et livide.
Du couchant ténébreux s'élance un vent rapide,

Qui tourne sur la plaine, et, rasant les sillons,
Enlève un sable noir qu'il roule en tourbillons.
Ce nuage nouveau, ce torrent de poussière,
Dérobe à la campagne un reste de lumière :
La peur, l'airain sonnant dans les temples sacrés,
Font entrer à grands flots les peuples égarés.
Grand Dieu! vois à tes pieds leur foule consternée
Te demander le prix des travaux de l'année.
Hélas! d'un ciel en feu les globules glacés
Écrasent en tombant les épis renversés.
Le tonnerre et les vents déchirent les nuages;
Le fermier de ses champs contemple les ravages,
Et presse dans ses bras ses enfants effrayés.
La foudre éclate, tombe, et des monts foudroyés
Descendent à grand bruit les graviers et les ondes,
Qui courent en torrents sur les plaines fécondes.
O récolte! ô moisson! tout périt sans retour :
L'ouvrage de l'année est détruit dans un jour.

(Saint-Lambert, *les Saisons*, chap. II.)

ANALYSE.

Dites ce que c'est que ce morceau dans le chant de l'Été du poëme des *Saisons*.

§ 62. POËME ÉPIQUE OU ÉPOPÉE.

QUESTIONS THÉORIQUES.

1. Qu'était-ce que l'*épopée* chez les anciens Grecs?
2. Dans quel sens entendons-nous ce mot?
3. A en juger par la première idée qui se présente, l'épopée n'est-elle pas une histoire, ou quelque chose qui lui ressemble fort?
4. Montrez les différences.

5. Qu'est-ce que l'épopée en un mot?

6. Quelles qualités doit avoir l'action de l'*épopée?*

7. Comment sera-t-elle intéressante?

8. Donnez un exemple.

9. Dites pourquoi l'action doit être *une?*

10. Comment l'action sera-t-elle *une?*

11. Qu'entend-on par une action *entière?*

12. Qu'est-ce que *l'exposition?*

13. Donnez un exemple.

14. Qu'est-ce que le *nœud?*

15. Ce nœud est-il utile?

16. Distingue-t-on plusieurs sortes de nœuds?

17. Donnez un exemple des nœuds différents?

18. Qu'est-ce que le *dénoûment?*

19. Quelles qualités doit avoir le dénoûment?

20. N'y a-t-il rien après le dénoûment?

21. Que signifie ce mot *achèvement?*

22. Donnez un exemple.

23. L'*Iliade* est-elle finie après l'achèvement?

EXERCICES.

114e SUJET.

Achille à Scyros est le titre d'un poëme de Luce de Lancival. En voici le sujet : « Le centaure Chiron a élevé Achille (jusqu'à son adolescence). Thétis voulant préserver son fils des dangers dont le destin le menace, s'il s'arme avec les autres Grecs pour la guerre de Troie, le déguise et le cache sous les habits d'une jeune fille. Amené à la cour de Lycomède, Achille devient l'amant de Déidamie. Mais il faut que l'arrêt du destin qui appelle Achille devant Troie s'accomplisse. Ulysse arrive à Scyros; Achille se découvre en choisissant une épée parmi les joujoux qu'Ulysse apporte, et vole aussitôt à la gloire. »

ANALYSE.

Dites ce que c'est que ce poëme, et si c'est une épopée appliquez-y les définitions données jusqu'ici.

---

§ 63. ÉPISODES. — MERVEILLEUX.

QUESTIONS THÉORIQUES.

1. L'unité d'action doit-elle être absolue?
2. Qu'appelle-t-on *épisodes*?
3. Donnez un exemple.
4. Quelle est la règle pour les épisodes?
5. Quelle peut être la longueur des épisodes?
6. Que faut-il pour qu'ils soient agréables?
7. D'où doivent-ils sortir?
8. Qu'est-ce que le *merveilleux*, qu'on regarde comme essentiel à la grande épopée?
9. Que veut-on dire, quand on dit qu'il n'y a pas de *merveilleux* dans un poëme?
10. Quand et comment doit-on employer le merveilleux?
11. Quels sont les personnages merveilleux réels?
12. Quels sont les autres?
13. Quelle est la règle pour les divinités allégoriques?
14. Quel est le défaut de ces divinités?
15. Quelle est la règle pour les divinités réelles?
16. Quand il s'agit de nos sujets modernes, peut-on, dans un sujet chrétien, introduire les anges, les saints et les démons?

17 N'y a-t-il pas des exemples péremptoires en faveur de l'opinion qui les admet ?

18. N'y a-t-il rien à éviter dans ce genre ?

19. Ne cite-t-on pas un poëte moderne qui a méconnu cette règle ?

20. Faut-il employer constamment le merveilleux ?

EXERCICES.

115e SUJET.

Paris n'était point tel en ces jours orageux
Qu'il paraît en nos jours aux Français trop heureux.
Cent forts, qu'avaient bâtis la fureur et la crainte,
Dans un moins vaste espace enfermaient son enceinte.
Ces faubourgs, aujourd'hui si pompeux et si grands,
Que la main de la paix tient couverts en tout temps,
D'une immense cité superbes avenues,
Où nos palais dorés se perdent dans les nues,
Étaient de longs hameaux de remparts entourés,
Par un fossé profond de Paris séparés.

. . . .
Jadis avec moins d'art, au milieu des combats,
Les malheureux mortels avançaient leur trépas.
Avec moins d'appareil ils volaient au carnage,
Et le fer dans leurs mains suffisait à leur rage.
De leurs cruels enfants l'effort industrieux
A dérobé le feu qui brûle dans les cieux.
On entendait gronder les bombes effroyables,
Des troubles de la Flandre enfants abominables :
Dans ces globes d'airain, le salpêtre enflammé
Vole avec la prison qui le tient renfermé ;
Il la brise et la mort en sort avec furie.
Avec plus d'art encore et plus de barbarie
Dans des antres profonds on a vu renfermer
Des foudres souterrains tout prêts à s'allumer.
Sous un chemin trompeur, où volant au carnage,
Le soldat valeureux se fie à son courage,

On voit en un instant des abîmes ouverts,
De noirs torrents de soufre épandus dans les airs,
Des bataillons entiers, par ce nouveau tonnerre,
Emportés, déchirés, engloutis sous la terre.
                    (Voltaire, *la Henriade*, chant VI.)

ANALYSE.

Que sont ces deux morceaux? Faites-en sentir le
mérite, et, s'il y a lieu, les défauts.

116e SUJET.

Henri sait profiter de ce grand avantage
Dont le sort des combats honora son courage.
Des moments, dans la guerre, il connaît tout le prix :
Il presse au même instant ses ennemis surpris;
Il veut que les assauts succèdent aux batailles :
Il fait tracer leur perte autour de leurs murailles.
Valois, plein d'espérance et fort d'un tel appui,
Donne aux soldats l'exemple et le reçoit de lui;
Il soutient les travaux, il brave les alarmes;
La peine a ses plaisirs, le péril a ses charmes.
Tous les chefs sont unis, tout succède à leurs vœux;
Et bientôt la Terreur qui marche devant eux,
Des assiégés tremblants dissipant les cohortes,
A leurs yeux éperdus allait briser leurs portes.
Que peut faire Mayenne en ce péril pressant?
Mayenne a pour soldats un peuple gémissant.
Là, la fille en pleurant lui redemande un père,
Là, le frère effrayé pleure au tombeau d'un frère.
Chacun plaint le présent et craint pour l'avenir.
Ce grand corps alarmé ne peut se réunir.
On s'assemble, on consulte, on veut fuir ou se rendre,
Tous sont irrésolus, nul ne veut se défendre,
Tant le faible vulgaire avec légèreté
Fait succéder la peur à la témérité!
                    (Voltaire, *la Henriade*, chant IV.)

ANALYSE.

Quel merveilleux est employé dans ce passage? Dites
ce que vous en pensez.

117e SUJET.

Sa face était comme celle du spectre qui se glisse lentement à minuit hors de la chapelle ; sa stature comme la colonne de fumée au-dessus de l'édifice en flammes.

Ses yeux étaient rouges et terribles ; son chapeau, le nuage argenté par la lune ; son bâton, le serpent tortueux qui déploie ses replis sur la Voie lactée.

Il cria : « Loin d'ici, figure à demi nue, blanchissante et débile ! Comment oses-tu seul aborder mes États et braver l'ange de la tempête ?

— Qui donc es-tu ? répliqua l'homme, ô toi qui portes la destruction sur ton front, dont l'œil ne peut souffrir aucun mortel ? Affreux esprit, qui donc es-tu ?

— Dans ce désert humide et reculé, depuis que le monde roule une mer sans rivage, j'ai fondé sur les éléments mon trône, la terreur de ta race et de toi.

Je couvre de sang le roi du jour et je voile dans l'Orient les rayons de sa lumière ; je cache la lune dans un funèbre linceul, au fond de la demeure de la nuit.

Je dirige l'aile rapide des flèches de la foudre au-dessus de la voile emportée par l'aquilon, et je prête l'oreille pour entendre gronder mes tempêtes au-dessus des profondes vallées.

Ces collines sont éternellement entr'ouvertes ; leurs fronts révérés sont chauves et blanchis, les vagues du Groënland saluent le ciel et de leur écume éteignent les astres brûlants.

Qui souleva ces vagues dévorantes ? Ce fut moi, l'esprit de la tempête ; et toi, tu seras condamné à gouverner le vent et à lutter avec moi d'adresse et de courage pour te soustraire à mes coups. »   (Hogg, poëte anglais.)

ANALYSE.

Quel merveilleux est employé dans cette pièce ?

118e SUJET.

Du fond des noirs enfers Satan lève la tête.

. . . .

Il mugit, exhalant son féroce transport.
Il commande : aussitôt la trompette effroyable,

Ébranlant des enfers l'empire lamentable,
Convoque les démons, ministres de la mort.
Les esprits ténébreux sortent de leurs repaires
Et volent se ranger près du gouffre infernal
Où Satan tient sa cour et son sceptre royal.
Là sont tous réunis ces dieux imaginaires
Que les mortels, livrés à leurs sens corrompus,
Se sont forgés pour mieux diviniser leurs vices ;
Spectateurs indolents ou scandaleux complices,
Auprès de Belzébuth sont Iris et Vénus ;
Mars auprès d'Osiris ; Astaroth, de Cybèle ;
Lama, Neptune, Odin, Bélial, Alecton,
Oromaze et Bacchus, Jupiter et Junon
Sont mêlés dans les rangs de la troupe rebelle.
Le fier Satan s'assied sur son trône orgueilleux,
Son sceptre est tout de fer, d'airain est sa couronne.
Son innombrable cour muette l'environne ;
Il leur adresse alors ce discours furieux.

(De Santeul, saint Louis, chap. II.)

ANALYSE CRITIQUE.

Examinez cet extrait d'un poëme publié en 1825 à l'occasion du sacre de Charles X ; et dites ce que vous pensez soit de ce merveilleux, soit du style.

---

§ 64. PERSONNAGES. — CARACTÈRES, MOEURS, PORTRAITS. — MORALITÉ DE L'ÉPOPÉE.

QUESTIONS THÉORIQUES.

1. Quel est le nombre des acteurs de l'épopée ?

2. Comment distingue-t-on diverses actions dans l'épopée ?

3. Qu'arrive-t-il dans l'action d'un peuple ?

4. Qu'arrive-t-il dans l'action d'un particulier ?

5. Quelle remarque fait-on sur ces deux sortes d'actions ?

6. Quelles sont les qualités des acteurs?

7. Qu'est-ce que le *caractère?*

8. Qu'est-ce que les *mœurs?*

9. Y a-t-il entre le caractère et les mœurs une différence essentielle?

10. Donnez un exemple.

11. Quelle est la première règle relativement aux mœurs?

12. Quelles doivent être les mœurs, considérées dans chaque personnage individuellement?

13. Qu'entend-on quand on veut que les mœurs soient *bonnes?*

14. Quand est-ce que les mœurs seront *convenables?*

15. Quand les mœurs seront-elles *ressemblantes?*

16. Quand les mœurs seront-elles *égales?*

17. Qu'est-ce que le caractère d'un personnage?

18. Comment peint-on les caractères?

19. Ne les peint-on pas autrement que par leurs actes?

20. Quels doivent être les caractères?

21. D'où résulte en grande partie la *moralité* de l'épopée?

22. Que doit faire le poëte à cet égard?

23. Le poëte doit-il faire lui-même la fonction de moraliste?

EXERCICES.

119ᵉ SUJET.

Quel est donc ce mortel si fier et si terrible?
S'écria le héros; sa hauteur inflexible
Semble braver les rois troublés à son aspect.
Il m'inspire à la fois l'horreur et le respect.
Quel est-il? — C'est Cromwell, répliqua la déesse.
Mélange redoutable et de force et d'adresse,

Assassin de son roi, tyran de ses égaux,
On le vit dans sa marche écraser ses rivaux
Par le poids de sa gloire et de sa renommée,
Le roi par le sénat, le sénat par l'armée,
Les chefs par les soldats ; dans ses grands mouvements
Employer tour à tour, briser ses instruments ;
Souffler le fanatisme, en maîtriser la rage,
Et par la liberté mener à l'esclavage.
Quand le roi, le sénat, les grands furent proscrits,
Vainqueur, il resta seul debout sur ces débris.
Son despotisme alors sortit de l'anarchie ;
Mais des divisions l'Angleterre affranchie,
Sous ce maître imposant reprit de la splendeur ;
Il ennoblit son crime à force de grandeur,
Roi plus habile encor que sujet redoutable,
Le plus grand des mortels s'il n'est le plus coupable.

(Thomas, Pétréide.)

ANALYSE.

Quel est ce passage, et que faut-il penser de ce qui y est exprimé ?

120ᵉ SUJET.

Satan parla ainsi ; et le premier après lui, Moloch, le sceptre en main, se leva : Moloch, le plus violent et le plus furieux des esprits qui combattirent dans les plaines de l'Empyrée. Le désespoir augmentait encore sa férocité naturelle. Il avait l'audace de se soutenir égal au Tout-Puissant, et plutôt que de fléchir, il aimait mieux cesser d'être. Cette ardeur effrénée lui fit perdre toute crainte. Il ne considéra ni Dieu, ni l'enfer, ni le sort le plus affreux ; et dans cette disposition il parla de la sorte....

De l'autre côté se leva Bélial, dans une attitude plus gracieuse et plus modérée. Le ciel n'avait pas perdu de plus bel habitant. Par la noblesse de son extérieur libre et guerrier, il semblait destiné pour des actions d'éclat ; mais en lui tout était faux et dépourvu de solidité. Sa voix, plus douce que la manne du ciel, savait donner une couleur favorable aux crimes les plus noirs. Il possédait l'art de confondre la raison et de faire avorter les desseins les mieux conçus. Ses pensées basses et industrieuses pour le vice étaient timides et paresseuses quand il s'agissait de quelque chose de grand....

Son avis pour la paix fut goûté des démons. L'impression qu'avaient faite sur eux la force et l'épée du vainqueur leur faisait craindre plus que l'enfer même, un nouveau combat. Ils se sentirent flattés du projet de fonder un empire pareil à celui des cieux. Belzébuth, qui après Satan tenait le premier rang, remarqua leur disposition. Il se leva d'un air grave. En se levant il parut le soutien d'un État. La délibération et les soucis publics étaient profondément gravés sur son front, et dans ses traits majestueux quoique défigurés, on lisait les décisions du conseil d'un roi. Capable de porter sur ses épaules plus robustes que celles d'Atlas le fardeau des plus puissantes monarchies, il attira au premier regard toute l'attention, et l'assemblée fut calme comme la nuit, ou comme l'air du midi en un beau jour d'été. (Milton, *Paradis perdu*, liv. II.)

ANALYSE.

Dites ce que vous pensez de cet extrait; en quoi il consiste, et ce qui le rend remarquable.

121e SUJET.

Oreste, qui d'Hélène aimait déjà la fille,
Admira seulement la charmante Euthésile.
Mais Pylade enflammé d'une subite ardeur
Ne put voir ses attraits, son aimable candeur,
Les vertus que le ciel lui donna pour partage,
Sans fléchir sous l'amour son superbe courage.
La modeste Euthésile, en son sein virginal,
Sentit pour ce héros naître un amour égal.
Mais fidèle toujours à la vertu sévère,
Elle força ses yeux à cacher ce mystère;
Et Pylade, craignant d'offenser sa pudeur,
Partit sans révéler le secret de son cœur.

(Dumesnil, Oreste, chant II, p. 49.)

ANALYSE CRITIQUE.

Dites ce que vous pensez de ces mœurs; sont-elles convenables, ressemblantes?

§ 65. FORME DE L'ÉPOPÉE RÉGULIÈRE. — STYLE. — ORNEMENTS.

QUESTIONS THÉORIQUES.

1. Qu'entend-on par la *forme de l'épopée?*
2. Quelles parties comprend-elle?
3. Qu'est-ce que la proposition du sujet?
4. Donnez un exemple.
5. Qu'est-ce que l'*invocation?*
6. Qu'est-ce que le *début?*
7. Quelles qualités le récit épique doit-il conserver au milieu de ces inventions?
8. Qu'est-ce qui rend cette narration particulièrement difficile?
9. N'y a-t-il pas des critiques qui ont cherché à diminuer ou à surmonter cette difficulté?
10. Quel est le plus parfait exemple que nous ayons dans notre langue du récit épique?

EXERCICES.

122e SUJET.

Muse, chante avec moi la colère implacable
Qui servant des destins l'arrêt irrévocable,
Dans les champs d'Ilion, sous ses fameuses tours,
Livra tant de héros à la faim des vautours,
Du jour què s'enflamma la colère homicide
D'Achille, fils des dieux, et du superbe Atride.
Quel dieu vint les armer? Apollon, ce fut toi,
Qui fis payer aux Grecs le crime de leur roi.
Le fier Agamemnon, par un refus sinistre,
Avait du dieu vengeur insulté le ministre,

Lorsque des fils d'Atrée abordant les vaisseaux
Un sceptre en main, le front ceint d'augustes bandeaux,
Chrysès vint demander aux princes de la Grèce
Une fille, l'espoir de sa triste vieillesse.

(Homère, Iliade, trad. de Lebrun.)

Je chante les combats et ce guerrier pieux
Qui banni par le sort des champs de ses aïeux,
Et des bords phrygiens conduit dans l'Ausonie
Aborda le premier aux champs de Lavinie.
Errant en cent climats, triste jouet des flots,
Longtemps le sort cruel poursuivit ce héros
Et servit de Junon la haine infatigable.
Que n'imagina point la déesse implacable
Lorsqu'il portait ses dieux chez ces fameux Albains,
Nobles fils d'Ilion, et peres des Romains,
Créait du Latium la race triomphale
Et des vainqueurs des rois la ville impériale?
Muse, raconte-moi ces grands événements :
Dis pourquoi de Junon les fiers ressentiments,
Poursuivant en tous lieux le malheureux Énée,
Troublèrent si longtemps la haute destinée
D'un prince magnanime, humain, religieux;
Tant de fiel entre-t-il dans les âmes des dieux!
A l'opposé du Tibre et ces champs d'Ausonie,
Des riches Tyriens heureuse colonie,
Carthage élève aux cieux ses superbes remparts,
Séjour de la fortune et le temple de Mars.
Aucun lieu pour Junon n'eut jamais tant de charmes.
Samos lui plaisait moins, etc.

(Virgile, Énéide, trad. de Delille.)

ANALYSE.

Comparez ces deux débuts ; montrez-en les diverses
parties, et, s'il y a lieu, les différences.

§ 66. DIVERSES SORTES D'ÉPOPÉES.

QUESTIONS THÉORIQUES.

1. Toutes les épopées sont-elles régulières ?
2. Quels sont les principaux de ces ouvrages?
3. Qu'est-ce que les poëmes *historiques?*
4. Qu'est-ce que les poëmes *héroï-comiques?*
5. Donnez-en un exemple.
6. Dites en quoi le poëme *badin* diffère du poëme *héroï-comique.*
7. Citez un de ces poëmes *badins.*
8. Qu'est-ce que le poëme *satirique?*
9. Donnez-en quelques exemples?
10. Doit-on juger les hommes d'après ce qu'on en dit dans les poëmes satiriques?

EXERCICES.

123ᵉ SUJET.

A nos réflexions ajoutons seulement
Que dans tous ses emplois Phébus également,
Qu'il habite la terre ou la voûte étoilée,
Rencontre avec l'honneur la fatigue mêlée.
Dieu du jour, il s'occupe à d'immenses travaux,
Il guide avec péril de fantasques chevaux ;
Il grimpe le matin par des sentiers rapides,
Le soir, se précipite aux abîmes humides ;
Dans son brûlant midi de flammes entouré,
Par cent monstres affreux il serait dévoré
Si, toujours attentif à ses fidèles bornes,
Du taureau mugissant il n'évitait les cornes,
Le venin dangereux du piquant scorpion,
La flèche du centaure ou la dent du lion.
En vain la sombre nuit à la cour d'Amphitrite
Des délassants plaisirs veut rassembler l'élite :

Dans les sacrés festins son gosier desséché
A louer Jupiter est toujours écorché,
Et des géants vaincus il fredonne l'histoire
Quand le reste des dieux se divertit à boire.
　　Dieu des vers, son destin n'est pas plus fortuné;
Sur la croupe d'un mont tristement confiné,
Dont l'avare fortune a fait son héritage,
Cultivant sans succès dans ce rocher sauvage,
Des arbres, de la vie inutile soutien,
Toujours verts et pourtant qui ne produisent rien;
Du stérile laurier mâchant la feuille amère,
Se repaissant de sons et buvant de l'eau claire,
Habitant des forêts la rebutante horreur,
Saisi de rêverie, agité de fureur....
Prétends-tu de ton nom laisser quelque mémoire?
Tu vois par quels degrés on arrive à la gloire?
Le travail y conduit, et la fatalité
Enchaîne le plaisir avec l'obscurité...

　　　　　(De Sénecé, les Travaux d'Apollon.)

ANALYSE.

C'est l'ombre de Maynard qui parle ainsi à l'auteur déguisé sous le nom d'*Acanthe*, pour lui montrer, par son exemple d'abord et par l'histoire d'Apollon même, que les poëtes sont à tout jamais brouillés avec la fortune et condamnés à des travaux sans relâche. Dites de quel genre est ce poëme, et ce qu'on peut remarquer dans ce passage.

124e SUJET.

Bélinde, qu'animait le désir de la gloire,
Ose dans un combat, sûre de sa victoire,
De deux fiers ennemis éprouver la valeur.
Sur son front intrépide est écrit leur malheur.
Trois fois neuf combattants, nourris dans les alarmes,
Formant trois bataillons paraissent sous les armes.
La guerrière à l'instant range en ordre les siens.
. . . .
Quatre terribles rois paraissent sur les rangs.
Leur moustache, leur front couvert de cheveux blancs,

Leur barbe les rendait encor plus vénérables.
On voyait auprès d'eux quatre reines aimables ;
Dans leurs augustes mains elles portaient des fleurs
Qui de leur tendre empire exprimaient les douceurs.
Après elles marchait une troupe de gardes
Le chapeau sur la tête, armés de hallebardes ;
Et divers écussons tracés sur les habits
Distinguaient les soldats des différents partis.
Pour prévenir les coups que l'ennemi médite,
Bélinde nomme Pique et Pique est favorite.
L'héroïne commande, et ses noirs matadors
Par cent exploits fameux secondent ses efforts.
Aux chefs des Africains leur valeur les égale.
Spadille est le premier dont le bras se signale :
Il enchaîne à son char deux triomphes vaincus.
Deux plus vaillants encor sous Manille abattus,
De ce guerrier superbe honorent la victoire.
Baste paraît bientôt, mais avec moins de gloire :
Il n'abat qu'un seul noble avec un plébéien.
Le roi de Pique alors, dans un grave maintien,
S'avance et fait briller dans sa main redoutable
A la place du sceptre un glaive formidable.
Un long manteau de pourpre, au hasard entr'ouvert,
Laisse voir en flottant sa jambe à découvert.
Son esclave rebelle au combat le défie,
Mais le prince à ses pieds le fait tomber sans vie.
Sur l'esclave de cœur il porte aussi ses coups.
O destin des combats inconstant et jaloux !
Ce vaillant Quinola, qui dans d'autres journées
Sans peine eût renversé des têtes couronnées,
Qui dans toute une armée eût semé la terreur,
Sous le fer du monarque expire sans honneur.
    Bélinde, jusqu'alors signalant son courage,
Sur les deux paladins avait eu l'avantage ;
Mais la fortune enfin seconda le marquis.
Il t'amène au combat, jeune Sémiramis,
Toi que le roi de Pique a choisi pour épouse.
Du prix de la valeur, cette reine jalouse,
Court sur le roi de Trèfle et lui perce le flanc.
La blancheur de ses mains se souille de son sang.
Que sert à ce tyran sa taille monstrueuse,
Son riche diadème et sa robe pompeuse ?

Que lui sert d'avoir seul parmi les souverains
Le pouvoir de porter un globe dans ses mains ?
Le cruel en tombant vomit son âme noire.
Le marquis, orgueilleux d'une telle victoire,
Fait marcher à l'instant ses terribles carreaux.
Plus richement paré que les rois ses rivaux,
Leur monarque en profil laisse voir son visage.
De son auguste reine il soutient son courage ;
Et ces vaillants époux, courant de toutes parts,
Foulent des ennemis les bataillons épars.
Comme les légions et d'Asie et d'Afrique
Forment par leur mélange un spectacle tragique
Quand le Maure, noyé dans son sang répandu,
Avec ses meurtriers expire confondu,
Tels cœurs, trèfles, carreaux, aux yeux de l'assemblée
Vaincus et dispersés tombent dans la mêlée.
Cent peuples différents d'habits et de couleurs
Sont tous enveloppés dans ces communs malheurs.
Les vaincus effrayés se pressent et reculent,
Leurs nombreux escadrons en tombant s'accumulent.
L'esclave des carreaux, à la honte du sort,
Voit la reine des cœurs céder à son effort.
    Bélinde à cet aspect tremble, pâlit, se trouble ;
Codille la menace, et sa frayeur redouble.
Elle se croit défaite, et son cœur abattu
Veut en vain rappeler sa première vertu.
Mais dans les grands périls, témoin la Grèce et Rome,
Pour changer la fortune il suffit d'un grand homme.
L'As de cœur au combat s'avance sans effroi.
Bélinde cependant garde en secret le roi.
Indigné d'avoir vu son épouse craintive
D'un esclave insolent devenir la captive,
Il regarde cet As l'œil ardent de courroux,
S'élance, et l'ennemi meurt percé de ses coups.
Bélinde s'applaudit et pousse un cri de joie,
L'écho de toutes parts jusqu'au ciel le renvoie.
Les fleuves, les vallons, les montagnes, les bois,
Ébranlés par ce cri, le répètent cent fois.

(Marmontel, *la Boucle de cheveux enlevée*, trad. de
    Pope, chant III.)

Qu'est-ce que cette narration? A quel genre de poëme peut-elle appartenir ?

125e SUJET.

Je chante sans crier bien haut
Ni plus doucement qu'il ne faut
La destruction de la pipe
De l'infortuné La Tulipe.
On sait que sur le Port-aux-blés
Maints forts à bras sont assemblés,
L'un pour, sur ses épaules larges,
Porter ballots, fardeaux ou charges,
Celui-ci pour les débarquer,
Et l'autre enfin pour les marquer.
On sait, ou peut-être on ignore,
Que tous les jours avant l'aurore,
Ces beaux muguets à brandevin
Vont chez la veuve Rabavin
Tremper leur cœur dans l'eau-de-vie
Et fumer s'ils en ont envie.
    Un jour que se trouvant bien là,
Et que sur l'air d'un beau *lanla*,
Ils chantaient à tour de mâchoire
Maints et maints cantiques à boire,
Que gueule fraîche et les pieds chauds,
Ils se fichaient de leurs bachots,
Sans réfléchir qu'un jour ouvrable
N'était point fait pour tenir table,
Hélas! la femme de l'un d'eux,
Trouble-plaisirs et boute-feux,
Arrive et retrousse ses manches.
Déjà ses poings sont sur ses hanches,
Déjà tout tremble, ou ne dit mot.
Plus de chansons; chacun est sot...

(Vadé, *la Pipe cassée*.)

Classez et définissez ce poëme. Dites quelle est cette partie. Portez votre jugement sur le style.

---

§ 67. HISTOIRE DE L'ÉPOPÉE.

QUESTIONS THÉORIQUES.

1. La poésie épique est-elle ancienne?
2. Quel est pour nous le premier poëte épique?
3. Quels sont les ouvrages d'Homère?
4. Y a-t-il d'autres poëtes épiques grecs?
5. Quels sont les poëmes épiques latins?
6. N'y a-t-il eu après Virgile aucun poëte qui se soit exercé dans le genre de l'épopée?
7. Qu'a fait Lucain?
8. Qu'a fait Stace?
9. Qu'a fait Valérius Flaccus?
10. Qu'a fait Silius Italicus?
11. Quel pays dans l'Europe moderne a le premier vu renaître l'épopée?
12. Quel poëte italien a fait le premier poëme épique régulier?
13. Qu'a fait Camoëns?
14. Qu'a fait le Tasse?
15. L'Espagne a-t-elle un poëme épique?
16. Qu'est-ce que Milton?
17. L'Allemagne a-t-elle un poëme épique?
18. La France a-t-elle un poëme épique?
19. Le poëme de *la Henriade* a-t-il un mérite incontestable?

EXERCICES.

126ᵉ SUJET.

Louez Homère comme le favori des Muses, comme la source de toute poésie, comme le modèle des grandes idées, ayant inspiré souvent les peintres, les statuaires, les poëtes. Louez Virgile comme plus modéré, plus pur, d'un génie peut-être moins élevé, mais remplaçant par l'harmonie et la perfection du style la sublimité qu'il n'avait pas, plus touchant dans la description de l'amour de Didon que ne l'avait jamais été Homère.

Terminez en comparant le poëte grec à l'Hercule antique et le poëte latin à la Vénus.

CHAPITRE XII.

POÉSIE DRAMATIQUE.

§ 68. DÉFINITION. — ACTEURS. — FABLE. — SCÈNE.

QUESTIONS THÉORIQUES.

1. D'où vient le nom de la *poésie dramatique?*
2. Qu'est-ce que le *drame?*
3. Qu'appelle-t-on *acteur* et *actrice?*
4. Qu'est-ce que le *personnage?*
5. Qu'est-ce que la *scène?*
6. Qu'est-ce que le *théâtre?*
7. Qu'est-ce que l'*amphithéâtre?*
8. Quel nom donne-t-on à la pièce que l'on joue?
9. L'appelle-t-on autrement que *l'action* ou *l'action dramatique?*
10. Quelle est la condition de l'action dramatique?
11. Qu'exige-t-on encore?

EXERCICES.

127ᵉ SUJET.

L'argument latin de la pièce des *Suppliantes* d'Eschyle est ainsi traduit par Laporte du The.. :

« Les cinquante filles de Danaüs, pour ne point épouser les fils d'Égyptus leur oncle, quittent l'Égypte et viennent chercher un asile dans l'Argolide. Le roi d'Argos accourt aussitôt avec des gardes pour apprendre d'elles ce qui les amène. Elles lui exposent l'histoire de leur famille et la cause de leur fuite ; il leur accorde l'hospitalité, mais non sans avoir consulté le peuple. Presque au même instant arrive un héraut qui déclare la guerre aux Argiens, de la part des fils d'Égyptus, si on l'empêche de remmener les Danaïdes. Le roi méprise ses menaces ; Danaüs, ainsi que ses filles, est reçu honorablement dans Argos. »

ANALYSE.

Dites d'après cela ce que c'est que cette pièce, et appliquez-y, en les expliquant, les mots d'*action*, de *fable*.

128ᵉ SUJET.

Laporte du Theil met au-devant de sa traduction des *Suppliantes* d'Eschyle les lignes que voici :

Personnages de la pièce : *Le chœur* (les Danaïdes), *Danaüs, le roi d'Argos, un héraut.* — La scène est près d'Argos, au bord de la mer. Le théâtre devait représenter un bois et une colline où se voyaient les statues des différents dieux qui, chez les Grecs, présidaient aux jeux et aux combats.

ANALYSE.

Expliquez la signification exacte de tous ces mots.

129ᵉ SUJET.

La petite comédie des *Deux Précepteurs*, par MM. Moreau et Scribe, représentée pour la première fois en 1817, au théâtre des Variétés, porte sous le titre *Distribution de la pièce*, les lignes suivantes : *M. Roberville, riche propriétaire*, M. Dubois; *Charles, son fils*, M. Vernet; *Cinglant, maître d'école*, M. Tiercelin ; *Ledru*, M. Potier ; *Jeannette, jardinière du château, nièce de Cinglant*, Mlle Pauline ; *Élise, cousine de Charles*, Mlle Léger. La scène se passe dans un château de la Brie.

ANALYSE.

Dites ce que signifient ces mots, et appliquez-y les définitions données dans le paragraphe précédent.

---

§ 69. VRAISEMBLANCE DRAMATIQUE.

QUESTIONS THÉORIQUES.

1. Qu'entend-on par actions *vraies* ou actions *feintes?*

2. Une action *feinte* l'est-elle absolument?

3. Une action dramatique peut-elle être absolument vraie ?

4. Qu'un auteur prenne son sujet dans un fond véritable, ou qu'il l'invente absolument, quelle est la condition nécessaire de son œuvre?

5. La vraisemblance suffit-elle pour une action dramatique?

6. Qu'est-ce qu'une action entière?

7. Expliquez cela par un exemple.

8. Qu'entend-on par *unités dramatiques?*

9. Qu'est-ce que l'*unité d'action?*

10. Qu'est-ce que l'*unité de lieu?*

11. Qu'est-ce que l'*unité de temps?*

12. La bonté de cette règle a-t-elle été démontrée par l'expérience?

EXERCICES.

130ᵉ SUJET.

Dans la pièce intitulée : *Le Bourreau des crânes*, Longjumeau est un homme très-irascible et aussi lâche qu'insolent, qui a donné un soufflet à un jeune homme. On les arrête tous les deux, et Longjumeau, resté seul sur la scène, fait au public la confidence qui suit :

« Je suis artificier.... De mon frottement continuel avec la poudre et le salpêtre, il est résulté chez moi un vice organique inhérent à mon état. Au moindre mot, au moindre geste, j'éclate comme un pétard ou une fusée ; je prends feu, je brûle et je m'éteins de même. Voilà précisément la position dans laquelle je me trouve en ce moment. J'ai calotté ce monsieur d'une façon assez brillante; mais je suis éteint, je suis totalement éteint. — Mais, me dira-t-on, s'il exige une réparation...; comment te tireras-tu de là ? — Ah ! j'ai un moyen, une recette que j'ai déjà employée plusieurs fois avec succès.... Voici cette recette : Le premier jour de l'an, vous mettez soigneusement dans un portefeuille comme celui-ci (*il le montre*) les cartes de visite déposées chez vous par vos amis, et vous vous présentez bravement dans un lieu public. Bien : un monsieur vous regarde de travers ; gifflez ! Un autre vous marche sur un cor sans le faire exprès, gifflez toujours.... Quand la chose est faite, nous restons en face d'un monsieur poltron ou brave. S'il est poltron, il s'en va avec sa giffle, et vous avec gloire, et tout est dit. S'il est brave et qu'il exige des excuses, vous lui riez au nez. S'il vous demande raison, enfin, vous vous posez sur la hanche, et sortant de votre poche le petit portefeuille en question, vous en retirez une carte au hasard, et vous la lui donnez majestueusement en lui disant : A demain. Le lendemain vous dormez bien tranquillement, tandis qu'on va réveiller le monsieur à la carte. »

ANALYSE CRITIQUE.

Dites ce que l'on doit penser de cette tirade, surtout par rapport à la vraisemblance dramatique.

Dans la pièce intitulée : *Un Chapeau de paille d'Italie*, un jeune homme est obligé de chercher ce chapeau au moment même des réjouissances de son mariage. Il court partout où on lui indique qu'il le pourra trouver, et la noce tout entière le suit, ou plutôt le poursuit sur les pas de son beau-père. Il va ainsi chez une baronne qui le prend pour un chanteur italien qu'elle attendait. La noce, qui le suit toujours, vient dans la même maison, entre dans la salle à manger, se met à table, mange le repas préparé pour la compagnie de la baronne ; et quand tout le monde est assemblé pour entendre le prétendu chanteur italien, elle se précipite dans le salon ; les invités s'emparent des dames de la société de la baronne et les font danser. Cris, tumulte, le rideau tombe. (Fin de l'acte III.)

ANALYSE CRITIQUE.

Dites ce que vous pensez de ces scènes.

---

§ 70. CONDUITE DE L'ACTION.

QUESTIONS THÉORIQUES.

1. Quelles parties distingue-t-on dans l'action dramatique ?

2. Qu'est-ce que les *scènes* ?

3. N'aurait-on pas pu employer pour elles un mot plus convenable ?

4. En quoi consiste la liaison des scènes ?

5. Comment se fait cette liaison ?

6. Comment se fait-elle par la présence ?

7. Comment se fait-elle par le discours ?

8. Comment se fait-elle par la vue ?

9. Comment se fait-elle par le bruit ?

10. Toutes ces manières sont-elles bonnes?

11. Qu'appelle-t-on *actes?*

12. Comment appelle-t-on le temps où le théâtre reste vide?

13. Les Grecs ont-ils connu les actes?

14. N'a-t-on pas cherché à assigner l'objet de chaque acte?

15. Qu'y a-t-il de vrai là dedans?

16. Que peut-on dire de l'*exposition* du sujet?

17. Quels sont les principaux moyens de faire l'exposition?

18. Citez un moyen qui vaille mieux que les prologues?

19. Les confidences sont-elles le meilleur moyen de faire l'exposition?

20. Citez un exemple de cette méthode qui consiste à exposer le sujet par l'action même.

21. Qu'est-ce que l'*intrigue?*

22. Qu'est-ce que les *péripéties?*

23. Qu'est-ce que la *catastrophe?*

EXERCICES.

132e SUJET.

CATILINA, *Soldats dans l'enfoncement.*
Orateur insolent qu'un vil peuple seconde,
Assis au premier rang des souverains du monde,
Tu vas tomber du faîte où Rome t'a placé.
Inflexible Caton, vertueux insensé,
Ennemi de ton siècle, esprit dur et farouche,
Ton terme est arrivé, ton imprudence y touche.
Fier sénat de tyrans, qui tiens le monde aux fers,
Tes fers sont préparés, tes tombeaux sont ouverts.
Que ne puis-je en ton sang, impérieux Pompée,
Éteindre de ton nom la splendeur usurpée?

Que ne puis-je opposer à ton pouvoir fatal
Ce César si terrible et déjà ton égal ?
Quoi ! César comme moi, factieux dès l'enfance,
Avec Catilina n'est pas d'intelligence !
Mais le piége est tendu : je prétends qu'aujourd'hui
Le trône qui m'attend soit préparé par lui..
Il faut employer tout, jusqu'à Cicéron même,
Ce César que je crains, mon épouse que j'aime.
Sa docile tendresse, en cet affreux moment,
De mes sanglants projets est l'aveugle instrument.
Tout ce qui m'appartient doit être mon complice ;
Je veux que l'amour même à mon ordre obéisse.
Titres chers et sacrés et de père et d'époux,
Faiblesses des humains, évanouissez-vous.

(Voltaire, *Catilina*, acte Iᵉʳ, scène Iʳᵉ.)

ANALYSE.

Dites ce que vous pensez de cette exposition.

133ᵉ SUJET.

ARTABAN.

L'aurais-je pu prévoir ? Le ciel ne me renvoie
En des lieux où j'ai cru partager votre joie,
Que pour vous y trouver plongé dans les chagrins
Et vous entretenir des malheurs que je crains !
Mais, mon cher Abradate, avant que je m'en plaigne,
Et qu'à nous séparer peut-être on nous contraigne,
Parlez : qui vous offense et qui dois-je haïr ?
Par quelles mains le sort a-t-il pu vous trahir ?
Contre qui faudra-t-il que ma vengeance éclate

ABRADATE.

Ah ! seigneur ! oserai-je accuser Tiridate ?
Pourrai-je, sans trembler, exposer mon malheur,
Conter son injustice et montrer ma douleur ?
Peut-être tous mes maux, causés par sa colère,
Vous toucheront-ils moins que l'intérêt d'un frère.

ARTABAN.

Vous ne le craindrez plus quand vous aurez appris
Qu'à mon retour ici sa froideur m'a surpris.

Dans ses discours glacés j'ai méconnu mon frère,
Je n'ai plus retrouvé ce cœur libre et sincère
Qui jadis, peu jaloux des honneurs de son rang,
Faisait céder leurs droits aux tendresses du sang.
Artaban comme vous a sujet de s'en plaindre,
Et peut-être sa haine ou ses soupçons à craindre.

ABRADATE.

Non, seigneur, ses chagrins ne tombent point sur vous,
Et c'est contre moi seul que s'arme son courroux.
Mais de quels traits, grands dieux! qu'il est impitoyable!
Cependant croiriez-vous qu'au moment qu'il m'accable,
Je ne puis à son sort refuser quelques pleurs?
Je le vois pénétré de secrètes douleurs,
Au milieu de la cour cherchant la solitude,
Nourrissant son esprit de son inquiétude,
Insensible aux objets qui flattaient ses désirs,
Il respire à regret, il languit sans plaisirs;
Et son cœur dévoré du mal qui l'empoisonne,
Confond dans ses dégoûts tout ce qui l'environne.
En vain l'art des humains cherche à guérir ce mal
Dont on ne connaît point le principe fatal.
En vain sur mille autels le feu sacré s'allume;
Il n'en souffre pas moins, sa force se consume;
Il meurt, et toutefois dans son barbare sort,
Il semble s'applaudir de me donner la mort.

(Campistron, *Tiridate*, acte Ier, scène Ire.)

ANALYSE CRITIQUE.

Dites ce que vous pensez de cette exposition.

134e SUJET.

Tracez le plan de la scène d'exposition d'une tragédie
d'*Iphigénie en Tauride*. Cette princesse est la prêtresse de
Diane, et obligée de présider au sacrifice que l'on faisait à cette
déesse de tous les étrangers que le naufrage jetait dans le pays.
Supposez qu'elle ouvre la scène avec une captive grecque, sa
confidente, qui s'étonne de sa tristesse.

Dans la première scène du premier acte du *Cid*, Chimène s'entretient avec Elvire, sa gouvernante. Elle annonce à la fin qu'elle éprouve une terreur vague, à quoi Elvire répond :

> Vous verrez cette crainte heureusement déçue.
> — Allons, quoi qu'il en soit, en attendre l'issue.

réplique Chimène, et elles sortent.

La scène deuxième amène l'infante d'Espagne, Léonor, sa gouvernante, et un page. L'infante fait demander Chimène par son page, et quand elle apprend que celle-ci se rend à ses ordres, elle reste un moment seule, puis quitte la scène en disant :

> Mais je tarde un peu trop : allons trouver Chimène,
> Et par son entretien soulager notre peine.

La scène sixième commence après son départ. Le comte de Gormas et don Diègue entrent ensemble, et leur dispute, terminée par l'outrage le plus impardonnable, amène la scène du désespoir de don Diègue, puis son appel à la vengeance de Rodrigue, et enfin le monologue de celui-ci.

Au second acte, la seconde scène comprend le défi de Rodrigue au comte de Gormas ; les deux adversaires sortent ensemble. L'infante, Chimène et Léonor viennent d'un autre côté et remplissent la scène troisième. Puis à la scène cinquième, l'infante, restée seule avec Léonor, lui dit :

> Tu vois par là quels maux cet amour me prépare :
> Viens dans mon cabinet consoler mes ennuis
> Et ne me quitte point dans le trouble où je suis.

Elles sortent alors ; et d'un autre côté vient le roi, don Fernand, accompagné de trois seigneurs.

ANALYSE CRITIQUE.

Dites ce que vous pensez de la conduite de cette partie de la pièce.

§ 71. PERSONNAGES.

QUESTIONS THÉORIQUES.

1. Combien les anciens admettaient-ils de personnages?

2. Suit-on la même règle chez les modernes?

3. Comment le poëte fait-il connaître ses personnages?

4. Qu'est-ce qu'on entend par *mœurs* ou *mœurs générales?*

5. Qu'est-ce que le *caractère* ou les *mœurs particulières.*

6. Donnez un exemple de cette distinction.

7. Quelles doivent être les *mœurs* dans le drame?

8. Quel doit être le *style dramatique?*

9. Que doit-on penser du ton poétique dans le drame?

10. Qu'est-ce que l'auteur doit éviter à cet égard?

11. Qu'est-ce qu'un *monologue?*

12. En quoi le dialogue vaut-il mieux que le monologue?

13. Qu'a-t-on fait pour éviter les monologues?

14. Quelles sont les règles pour la composition du dialogue?

———

EXERCICES.

136ᵉ SUJET.

La belle est adorable : ainsi donc je l'adore.
Elle est bien faite, riche et de condition.
De l'esprit comme un ange ; eh bien! notre union
N'est-elle pas ici de tout point assortie?
Je suis noble, bien fait, aimable, et je parie
Qu'on ne trouverait pas, les cherchât-on vingt ans,
Deux hommes dans Paris, mes pareils en talents.

Je connais tous les arts, belles-lettres, peinture,
Musique, danse; et, pour la science, j'assure
Que peu de gens pourraient m'en donner des leçons.
. . . .
Tout à l'heure je vais saluer ma Lucile;
Aise de me revoir, sous un maintien tranquille
Elle cache sa joie et je le vois fort bien;
Moi discret, je ne fais d'abord semblant de rien.
Je cajole la mère : « Hé! vraiment, le voyage
N'a laissé que fraîcheur sur ce charmant visage, »
Lui dis-je. Elle sourit : son orgueil est flatté;
Elle aime fort qu'on parle encor de sa beauté.
J'en parle avec transport, et cependant j'observe
D'instruire d'un coup d'œil fin, mais plein de réserve,
Ma belle, qui se tait et n'en pense pas moins,
Que l'éloge est pour elle, et pour elle mes soins.
Le père qui survient prend part à mon hommage.
Suivant l'humeur qu'il a, je règle mon langage.
Je plais, j'enchante; alors dans un coin, sans dessein.
Je vois quelque instrument, ou harpe, ou clavecin :
Sans quitter le discours, là, d'un air d'habitude
Et par distraction, d'une main je prélude.
. . . .
On ne me presse pas longtemps sur ma parole.
Les accords frappent l'air, l'instrument retentit,
Et le son de ma voix flatte, émeut, attendrit.
Je cesse, je me lève, et confus de ma gloire
J'abandonne à l'amour l'effet de ma victoire.
Je sors et laisse enfin les parents étonnés,
Ma maîtresse rêveuse et tous les cœurs gagnés.

(Fabre d'Églantine, *le Présomptueux*, acte Ier, scène Ire.)

ANALYSE.

Dites ce que c'est que cette tirade, et ce qu'il faut en
penser.

137e SUJET.

MARTHON *dépeint sa maîtresse.*

Toute femme est, monsieur, un animal changeant.
On pourrait calculer les jours de Cydalise
Par les différents goûts dont son âme est éprise.

Quelquefois étourdie, enjouée à l'excès ;
D'autres fois sérieuse et boudant par accès ;
Coquette s'il en fut, même jusqu'au scandale ;
Prude à nous étourdir de son aigre morale ;
Courant le bal la nuit, et le jour les sermons ;
Tantôt les directeurs, et tantôt les bouffons ;
C'était là le bon temps. Mais aujourd'hui que l'âge
Fait place à d'autres mœurs, on veut un ton plus sage.
Madame a depuis peu réformé sa maison.
Nous n'extravaguons plus qu'à force de raison.
D'abord on a banni cette gaîté grossière,
Délices des traitants, aliment du vulgaire.
A nos soupers décents, tout au plus on sourit ;
Si l'on s'ennuie, au moins c'est avec de l'esprit.
Quelquefois on admet, au lieu de vaudevilles,
De savants concertos, de grands airs difficiles.
Car il faut bien encore un peu d'amusement ;
Mais notre fort, monsieur, c'est le raisonnement.
Quelque temps dans le cercle on parla politique ;
Enfin tout disparut sous la métaphysique.

(Palissot, *les Philosophes*, acte Ier, scène Ire.)

ANALYSE.

Dites ce que c'est que ce morceau.

138e SUJET.

Représentez par opposition les bals de la ville où l'on fait beaucoup de toilette, où l'on arrive tard, où l'on est entassé ; et ceux de la campagne où l'on danse en plein air, au milieu de la verdure. Donnez la préférence à ceux-ci.

§ 72. DISTINCTION DES OUVRAGES DRAMATIQUES. — TRAGÉDIE.

QUESTIONS THÉORIQUES.

1. Comment se distinguent les ouvrages dramatiques ?

2. Quels noms leur donne-t-on alors ?

3. Qu'est-ce que la *tragédie* ?

4. Peut-on donner une définition plus courte ?

5. Comment une action est-elle *héroïque* ?

6. Comment l'action de la tragédie sera-t-elle *héroïque dans son principe* ?

7. Comment l'action est-elle *héroïque dans son objet* ?

8. Donnez un exemple.

9. Comment l'action est-elle *héroïque par le caractère* de ceux qui la font ?

10. Pourrait-on mettre sur le théâtre un tragique puisé dans les classes inférieures de la société ?

11. Est-ce assez que l'action de la tragédie soit héroïque ?

12. Entendez-vous par *tragique* qu'elle soit sanglante ?

13. Que faut-il donc pour la tragédie, si elle n'exige pas une action terminée par la mort de quelque grand personnage ?

14. Comment exprime-t-on cette pensée en termes d'art ?

15. La passion de l'amour doit-elle régner dans les tragédies, c'est-à-dire en former le nœud ?

16. Que faut-il penser à ce sujet ?

17. Qu'entend-on par la *fin morale* d'un poëme ?

18. Cette fin morale contribue-t-elle à la valeur des ouvrages ?

19. Quelle est la fin morale de l'apologue ou de la satire ?

20. Quelle est la fin morale de la tragédie ?

21. N'avez-vous rien à dire de particulier du style de la tragédie ?

EXERCICES.

139ᵉ SUJET.

CNÉIUS, *fils de Pison.*

Moi, dites-vous, Séjan, moi, César veut m'entendre?

SÉJAN.

Vous-même. A cet honneur n'osiez-vous donc prétendre?

CNÉIUS.

Jeune encore, à Tibère, à sa cour inconnu....

SÉJAN.

Par des marques d'estime il vous a prévenu.

CNÉIUS.

Et que suis-je? Veut-il me parler de mon père?

SÉJAN.

Je ne suis point admis aux secrets de Tibère.

CNÉIUS.

Séjan, pour un ministre, est bien mal informé.

SÉJAN.

Je crois que sans motif vous seriez alarmé.

CNÉIUS.

Je le suis toutefois.

SÉJAN.

　　　　Sur quelle conjecture?

Pourquoi?

CNÉIUS.

　　　　Fulcinius est votre créature,

Sa voix contre mon père est prête à s'élever.

SÉJAN.

Et si c'était, Cnéius, pour vous le conserver?

CNÉIUS.

Pour conserver Pison faut-il tant d'artifice?

N'a-t-il donc plus les lois, le sénat, la justice?

SÉJAN.

De puissants ennemis l'accablent sous leurs coups.

CNÉIUS.

Nul n'est puissant à Rome, hormis César et vous.

SÉJAN.

Moi?

CNÉIUS.

Cependant mon père est traîné dans le piége.

SÉJAN.

Ne repoussez donc pas la main qui le protége.

CNÉIUS.

Vous, protéger Pison ! vous, Séjan !

SÉJAN.

                     Cet orgueil
De vos aïeux, Cnéius, fut l'ordinaire écueil.
Songez-y, la hauteur ne saurait que vous nuire.
Adieu. Dans l'art des cours César peut vous instruire.
De ce qu'il veut bientôt vous serez éclairci.
Je l'ai fait prévenir et déjà le voici.

                 (Chénier, *Tibère*, acte IV, scène 1re.)

ANALYSE CRITIQUE.

Qu'est-ce que ce passage ? et qu'en faut-il penser ?

140e SUJET.

LYSANDRE *à Hortace qui veut faire mourir saint Eutrope.*

Eutrope mourra-t-il d'une mort juridique ?
Doit-on appréhender qu'on la traite d'inique ?
Avez-vous attendu l'ordre du souverain ?
Avez-vous procédé selon le droit romain ?
Je n'ai rien tant à cœur que l'honneur de mon prince.
Cet Eutrope est connu dans plus d'une province.
Je crains que son trépas ne vous rende odieux,
Quoique vous ne cherchiez que l'intérêt des dieux.
Cependant quelquefois il faut régler son zèle,
Et souffrir, malgré vous, l'étranger infidèle.
Suspendez cet arrêt, si vous l'avez rendu.
Le nom de ce chrétien n'est que trop répandu,
Vous ne pouvez vous seul faire périr cet homme.
Si le bruit de sa mort pénètre jusqu'à Rome,
On serait étonné, seigneur, de son trépas,
On vous imputerait de plus grands attentats.

HORTACE.

D'un si juste attentat ne craignez rien, Lysandre ;
En pareil cas je sais comment il faut s'y prendre.
Sans former contre lui ni procès ni décret,
Je me suis assuré de sa mort en secret.
Lysandre, on punira ce vieillard téméraire :
J'ai su choisir des gens qui sauront m'en défaire.
Après tout, peu m'importe, et je fais peu de cas
Que l'on m'impute ou non un semblable trépas.
Je conçois chaque jour une haine nouvelle
Contre le nom chrétien, contre ma fille Eustelle.
Ma colère s'émeut et mon âme s'aigrit :
Je me sens dévoré de chagrin de dépit.
Mais n'est-ce pas marquer un peu trop de faiblesse ?
L'entêtement d'Eustelle et me choque et me blesse :
Je suis père et je dois faire valoir mes droits.
Qui peut licitement la soustraire à mes lois

(*Sainte Eustelle*, acte Ier, scène Ire.)

ANALYSE CRITIQUE.

Dites ce que vous pensez de ce style.

§ 73. HISTOIRE DE LA TRAGÉDIE.

QUESTIONS THÉORIQUES.

1. Où faut-il chercher l'origine de la tragédie ?

2. Les chants tragiques se renfermaient-ils dans les temples ?

3. Qui le premier changea cet état de la tragédie ?

4. Qui vint après Thespis ?

5. Eschyle n'inventa-t-il rien pour le matériel de la représentation ?

6. Que fit Sophocle ?

7. Quel est le troisième tragique des Grecs ?

8. Les Romains ont-ils fait des tragédies ?

9. Qu'y a-t-il dans les tragédies de Sénèque ?

10. Quelle était la tragédie en France avant Corneille?

11. Quels furent nos premiers poëtes tragiques?

12. Que fit Corneille?

13. Qui fut le successeur de Corneille?

14. Quel poëte vint après Racine?

15. Quel est notre troisième tragique?

16. Depuis Voltaire n'avons-nous eu aucun tragique remarquable?

17. Quel est cependant le meilleur de tous?

EXERCICES.

141ᵉ SUJET.

Dans la pièce d'Eschyle, intitulée *les Perses*, l'ombre de Darius évoquée de son tombeau par les prières du chœur et d'Atossa sa veuve, et mère de Xercès, apprend le triste résultat de l'expédition de son fils battu par les Grecs. Ce prince gémit alors, et en rappelant la grandeur de ses prédécesseurs et la sienne même, il y oppose les maux que son fils a faits à la Perse. — Faites-le parler dans ce sens.

142° SUJET.

Antigone ayant enseveli son frère Polynice malgré la loi des Thébains, qui condamnait à mort celui qui rendrait ce devoir à l'ennemi de Thèbes, Créon l'interroge sur ce qu'elle a fait.

CRÉON.

Et vous, vous qui tenez attachés vos yeux à la terre, ne niez-vous pas ce dont on vous accuse?

ANTIGONE.

Non, je ne le nie pas, au contraire, je l'avoue.

CRÉON.

Quoi donc! ignoriez-vous la défense que j'avais faite?

ANTIGONE.

Je la connaissais. Pouvais-je l'ignorer? Elle était publique.

CRÉON.

Et comment avez-vous osé braver cette loi?

ANTIGONE.

C'est que ni Jupiter, ni la justice concitoyenne des dieux infernaux, ni aucun de ces dieux qui ont donné des lois aux hommes ne l'avaient promulguée : et je ne pensais pas que vos arrêts dussent avoir tant de force que de faire prévaloir les volontés d'un homme sur celles des immortels, sur ces lois qui ne sont point écrites et qui ne sauraient être effacées. Ce n'est pas d'aujourd'hui, ce n'est pas d'hier qu'elles existent. Elles sont de tous les temps et personne ne peut dire quand elles ont commencé. Devais-je donc, par égard pour les pensées d'un homme, refuser mon obéissance aux dieux ? Je savais qu'il me fallait mourir. Pouvais-je l'ignorer, quand vous n'eussiez pas d'avance prononcé mon arrêt. Si la mort me frappe avant le temps, c'est à mes yeux un avantage. Et comment, dans l'abîme de maux où je suis tombée, la mort me paraîtrait-elle une peine ? C'en eût été pour moi une bien cruelle si j'avais laissé sans sépulture un frère conçu dans les flancs qui m'ont portée. Voilà ce qui m'eût désespérée. Le reste ne m'afflige point. Peut-être je vous semble une insensée. Mais vous pourriez bien vous-même, vous qui me taxez de folie, être plus insensé que moi.   (Sophocle, traduit par M. Patin.)

ANALYSE.

Dites ce que vous pensez de ce dialogue.

143ᵉ SUJET.

IPHIGÉNIE *à son père, qui veut la sacrifier.*

Comme Orphée, attirant les rochers de la Grèce,
Mon père, si j'avais la voix enchanteresse,
L'heureux don d'attendrir et de gagner les cœurs,
J'essaierais.... mais je n'ai que le charme des pleurs.
Je n'en connais pas d'autre et vos yeux vous le disent.
Laissez, si de tels pleurs déjà vous interdisent,
Comme une suppliante embrasser vos genoux
L'enfant que cette femme a mis au jour pour vous !
Ne m'ôtez pas la vie, elle m'est encor chère ;
Je suis si jeune encor ! si douce est la lumière !
Laissez-moi regarder le soleil qui me luit.
Oh ! ne me plongez pas dans l'éternelle nuit !

La première à vos yeux, au foyer de famille,
Je murmurai *mon père*.... en entendant *ma fille!*
La première je vins à vos genoux m'offrir,
M'élever dans ces bras que vous saviez m'ouvrir!
Vous disiez : « Mon enfant, pourvu que je te voie
Un jour, comme à cet âge, heureuse dans la joie,
Fleurir chez un époux digne de ce trésor !... »
Je répondais : « Pour vous, que ferai-je, mon père?
Quand vous serez vieillard, vous viendrez, je l'espère,
Reposer sous mon toit vos membres fatigués
Et recevoir les soins que vous me prodiguez.

. . . .
Par Pélops, par Atrée, auteur de votre race,
Par ma mère, qui tremble et souffre en ce moment,
Que suis-je dans les nœuds de Pâris et d'Hélène?
D'où vient que ce Pâris à ma perte m'entraîne?
Tournez vers moi les yeux. Pouvez-vous refuser
A votre enfant, mon père, un regard, un baiser?
Que de vous en mourant j'emporte au moins ce gage,
Si votre volonté résiste à mon langage.
Et toi, mon frère, viens, tu parais pour ta sœur,
En face de ton père, un faible défenseur.
Mais tu me vois pleurer et tu verses des larmes.
Je ne veux point mourir. Supplie et tu désarmes.
Les enfants ont déjà des sentiments humains.
Voyez, muet encore, il tend vers vous les mains.
Mon père, épargnez-moi, pitié! laissez-moi vivre,
Par vos traits vénérés que ce geste veut suivre,
Nous vous en conjurons, tous deux vos chers enfants,
L'un qui sort du berceau, l'autre à la fleur des ans.
Qu'un mot victorieux achève ma prière,
L'œil des mortels s'attache à la douce lumière.
Le Styx est abhorré : fou qui ne le craint pas.
Plutôt Argos et nous que Troie et le trépas.

(Euripide, *Iphigénie en Aulide*, trad. de M. E. Magne.)

ANALYSE CRITIQUE.

Dites ce que vous pensez de cette tirade, et même de l'expression française.

144ᵉ SUJET.

Cette tragédie (de *Médée*) a été traitée en grec par Euripide,
et en latin par Sénèque ; et c'est sur leur exemple que je me
suis autorisé à en mettre le lieu dans une place publique,
quelque peu de vraisemblance qu'il y ait à y faire parler des
rois, et à y voir Médée prendre les desseins de sa vengeance.
Elle en fait confidence, chez Euripide, à tout le chœur, composé de Corinthiennes, sujettes de Créon, et qui devaient être
au moins au nombre de quinze, à qui elle dit hautement
qu'elle fera périr leur roi, leur princesse et son mari, sans
qu'aucune d'elles ait la moindre pensée d'en donner avis à ce
prince.

Pour Sénèque, il y a quelque apparence qu'il ne lui fait pas
prendre ces résolutions violentes en présence du chœur, qui
n'est pas toujours sur le théâtre, et n'y parle jamais aux autres
acteurs. Mais je ne puis comprendre comment, dans son quatrième acte, il lui fait achever ses enchantements en place publique, et j'ai mieux aimé rompre l'unité exacte de lieu, pour
faire voir Médée dans le même cabinet où elle a fait ses
charmes, que de l'imiter en ce point.

Tous les deux m'ont semblé donner trop peu de défiance à
Créon des présents de cette magicienne, offensée au dernier
point, qu'il témoigne craindre chez l'un et chez l'autre, et
dont il a d'autant plus lieu de se défier, qu'elle lui demande
instamment un jour de délai pour se préparer à partir, et qu'il
voit qu'elle ne le demande que pour machiner quelque chose
contre lui et troubler les noces de sa fille.

J'ai cru mettre la chose dans un peu plus de justesse par
quelques précautions que j'y ai apportées : la première, en ce
que Créuse souhaite avec passion cette robe que Médée empoisonne, et qu'elle oblige Jason à la tirer d'elle par adresse.
Ainsi, bien que les présents des ennemis doivent être suspects,
celui-ci ne le doit pas être, parce que ce n'est pas tant un don
qu'elle fait qu'un payement qu'on lui arrache de la grâce que
ses enfants reçoivent ; la seconde, en ce que ce n'est pas
Médée qui demande ce jour de délai qu'elle emploie à sa vengeance, mais Créon qui le lui donne de son mouvement,
comme pour diminuer quelque chose de l'injuste violence qu'il
lui fait, dont il semble avoir honte en lui-même ; et la troisième,
enfin, en ce qu'après les défiances que Pollux lui en fait

8.

prendre, presque par force, il en fait faire l'épreuve sur u
autre avant de permettre à sa fille de s'en parer. (Corneill
Examen de Médée.)

ANALYSE.

Dites ce que vous remarquez dans cet exposé.

145e SUJET.

Esther avertie par Mardochée qu'Aman a obtenu un éd
pour faire massacrer les Juifs et invitée par lui à se rend
auprès du roi pour lui déclarer qui elle est, et obtenir le re
trait de cet édit, s'excuse parce qu'on ne peut aborder le r
sans être appelé par lui. Mardochée lui répond que, quand
s'agit du salut de tous ses frères, elle ne doit pas craindre c
sacrifier sa vie; que Dieu le veut; que c'est pour cela qu'il l'
mariée à Assuérus; qu'il la soutiendra; que s'il a permis l
succès de la démarche d'Aman, c'est qu'il a voulu l'éprouve
elle-même; que, d'ailleurs, son indifférence ne la sauvera
pas, et qu'elle périrait avec sa race.

Faites parler Mardochée.

146e SUJET.

Oreste, élevé sous le nom de *Tydée*, et revenu à Mycènes, oi
règnent Égisthe et Clytemnestre, raconte ce qui lui est arrivé
et la reconnaissance ou l'amour qui l'unissent à Itys et Iphia
nasse, fils et fille d'Égisthe.

Tout offrait à mes yeux l'inévitable mort;
Mais j'y courais en vain. La rigueur de mon sort
A de plus grands malheurs me réservait encore,
Et me jeta mourant vers les murs d'Épidaure.
Itys me secourut, et de mes tristes jours,
Malgré mon désespoir, il prolongea le cours.
Juge de ma douleur, quand je sus que ma vie
Était le prix des soins d'une main ennemie!
Des périls de la mer Tydée enfin remis,
Une nuit allait fuir loin de ses ennemis,
Lorsque la même nuit d'un vainqueur en furie
Épidaure éprouva toute la barbarie.
Figure-toi les cris, le tumulte et l'horreur.
Dans ce trouble soudain, je m'arme avec fureur,

Incertain du parti que mon bras devait prendre,
S'il faut presser Égisthe ou s'il faut le défendre.
L'ennemi cependant occupait les remparts
Et sur nous à grands cris fondait de toutes parts.
Le sort m'offrit alors l'aimable Iphianasse,
Et ma haine bientôt à d'autres soins fit place.
Ses pleurs, son désespoir, Itys près de périr,
Quels objets pour un cœur facile à s'attendrir !
Oreste ne vit plus ; mais pour la sœur d'Oreste,
Il faut de ses États conserver ce qui reste,
Me disais-je à moi-même, et loin de l'accabler,
Secourir le tyran qu'on devait immoler ;
Je chasserai plutôt Égisthe de Mycènes
Que d'en chasser les rois de Corinthe ou d'Athènes.
Par ce motif secret, mon cœur déterminé,
Ou par des pleurs touchants bien plutôt entraîné,
Du soldat qui fuyait ranime le courage,
A combattre du moins mon exemple l'engage,
Et le vainqueur pressé, pâlissant à son tour,
Vers son camp à grands pas médite son retour.

(Crébillon, *Électre*, acte II, scène Ire.)

ANALYSE CRITIQUE.

Dites ce que vous pensez de cette narration, des idées
qui s'y trouvent, des combinaisons qui la forment, et
même du style.

---

§ 74. COMÉDIE.

QUESTIONS THÉORIQUES.

1. Qu'est-ce que la comédie ?

2. La définition de Batteux n'est-elle pas un peu
étroite ?

3. Dites en quoi la comédie diffère de la tragédie ?

4. Quelle est la *fin morale* de la comédie ?

5. N'y a-t-il rien à dire sur le ridicule ?

6. Est-ce assez que le ridicule soit vrai ?

7. Donnez-nous un exemple.

8. Le ridicule peut-il être chargé autrement que par la répétition des actes?

9. Jusqu'où cette exagération de la nature doit-elle aller?

10. N'a-t-on pas sur ces différents degrés du ridicule fondé la distinction que l'on fait en France de plusieurs comiques différents, ou, si on l'aime mieux, de divers degrés dans le comique?

11. Quel est le premier ou le second comique?

12. Y a-t-il un troisième comique?

13. Quel est le style de la comédie?

EXERCICES.

147ᵉ SUJET.

ALCESTE.

Je veux que l'on soit homme, et qu'en toute rencontre
Le fond de notre cœur dans nos discours se montre;
Que ce soit lui qui parle et que nos sentiments
Ne se masquent jamais sous de vains compliments.

PHILINTE.

Il est bien des endroits où la pleine franchise
Deviendrait ridicule et serait peu permise;
Et, parfois, n'en déplaise à votre austère honneur,
Il est bon de cacher ce qu'on a dans le cœur.
Serait-il à propos et de la bienséance
De dire à mille gens tout ce que d'eux on pense?
Et quand on a quelqu'un qu'on hait ou qui déplaît,
Lui doit-on déclarer la chose comme elle est?

ALCESTE.

Oui.

PHILINTE.

Quoi! vous iriez dire à la vieille Émilie
Qu'à son âge il sied mal de faire la jolie?
Et que le blanc qu'elle a scandalise chacun?

ALCESTE.

Sans doute.

PHILINTE.

A Dorilas qu'il est trop importun
Et qu'il n'est à la cour oreille qu'il ne lasse
A conter sa bravoure et l'éclat de sa race?

ALCESTE.

Fort bien.

PHILINTE.

Vous vous moquez.

ALCESTE.

Je ne me moque point,
Et je vais n'épargner personne sur ce point.
Mes yeux sont trop blessés ; et la cour et la ville
Ne m'offrent rien qu'objets à m'échauffer la bile.
J'entre en une humeur noire, en un chagrin profond,
Quand je vois vivre entre eux les hommes comme ils font.
Je ne trouve partout que lâche-flatterie,
Qu'injustice, intérêt, trahison, fourberie ;
Je n'y puis plus tenir, j'enrage, et mon dessein
Est de rompre en visière à tout le genre humain.

PHILINTE.

Ce chagrin philosophe est un peu trop sauvage.
Je ris des noirs accès où je vous envisage.

(Molière, le *Misanthrope*, acte Ier, scène Ire.)

ANALYSE.

Dites ce que vous pensez de ces vers. Montrez l'art de
Molière dans l'exposition de ce caractère.

148e SUJET.

Un valet, qui se fait passer pour marquis, ayant trouvé une
comtesse qui consent à l'épouser, se parle à lui-même et se féli-
cite de ses succès.

Eh bien, marquis, tu vois ; tout rit à ton mérite.
Le rang, le cœur, le bien, tout pour toi sollicite.
Tu dois être content de toi par tout pays.
On le serait à moins. Allons, saute, marquis.

Quel bonheur est le tien! Le ciel à ta naissance
Répandit sur tes jours sa plus douce influence;
Tu fus, je crois, pétri par les mains de l'Amour.
N'es-tu pas fait à peindre? Est-il homme à la cour
Qui de la tête aux pieds porte meilleure mine?
Une jambe mieux faite? une taille plus fine?
Et pour l'esprit, parbleu, tu l'as des plus exquis.
Que te manque-t-il donc? Allons, saute, marquis;
La nature, le ciel, l'amour et la fortune
De tes prospérités font leur cause commune,
Tu soutiens ta valeur avec mille hauts faits;
Tu chantes, danses, ris mieux qu'on ne fit jamais.
Les yeux à fleur de tête et les dents assez belles,
Jamais en ton chemin trouvas-tu de cruelles?
Près du sexe tu vins, tu vis et tu vainquis.
Que ton sort est heureux! Allons, saute, marquis.

(Regnard, *le Joueur*, acte IV, scène x.)

ANALYSE.

Dites ce qu'il faut penser de cette scène de comédie.
Expliquez-en le mérite.

149e SUJET.

Don Japhet d'Arménie est un ancien fou de Charles-Quint,
dont on s'amuse dans une ville où il passe. On le fait haranguer
par un homme qui ne parle qu'en toussant, reniflant et se mou-
chant.

LE HARANGUEUR.

Monsieur.

D. JAPHET.

Ventre de moi! je parlerai.

LE HARANGUEUR.

La cour
Qui vous a vu briller comme le Zodiaque,
Et qui fit cas de vous comme d'un roi d'Ithaque....

D. JAPHET.

O de ces grands parleurs le plus impertinent,
Parle sans te moucher.

LE HARANGUEUR, *toujours reniflant et toussant.*
J'ai fait incontinent.
La cour donc dont jadis vous fûtes les délices
De notre grand César, Charles-Quint....

D. JAPHET, *à part.*
Quel supplice
Suis-je venu chercher?

LE HARANGUEUR.
La cour donc où jadis
Chacun vous regarda comme un autre Amadis,
Alors que....

D. JAPHET.
Concluez.

LE HARANGUEUR.
La cour donc....

D. JAPHET.
Que fit-elle
La cour, la cour, la cour?

LE HARANGUEUR.
La cour donc qu'on appelle
Le céleste séjour....

D. JAPHET.
Quoi ! toujours renifler,
Moucher, tousser, cracher et toujours me parler!
Et moi, je ne pourrai dire quatre paroles !
Oh! de grâce, messieurs, je donne cent pistoles,
Et qu'on m'ôte d'ici ce fâcheux renifleur.
(*Le harangueur sort.*)

(Scarron, *D. Japhet d'Arménie*, acte III, scène xv.)

ANALYSE.

Dites quel est le comique de cette scène.

---

§ 75. DIVERSES SORTES DE COMÉDIES.

QUESTIONS THÉORIQUES.

1. Comment a-t-on distingué les comédies?
2. Comment les distingue-t-on quant au langage?

3. Les comédies en prose n'admettent-elles pas un langage vicieux?

4. Quelle division fait-on entre les comédies quant aux qualités qui y dominent?

5. Qu'est-ce que les comédies d'*intrigue?*

6. Ces comédies sont-elles fort estimées?

7. Qu'est-ce que la comédie de *caractère?*

8. Qu'appelle-t-on comédies de *mœurs?*

9. Quel rang donne-t-on à ces diverses comédies?

10. Ces divisions sont-elles absolues?

11. Qu'est-ce que les *pièces à tiroir?*

12. Quels sont les personnages admis dans la comédie?

13. Qu'est-ce qu'un *drame?*

14. Qu'est-ce que la *comédie larmoyante* ou *tragédie bourgeoise?*

15. Qu'entend-on par *farce?*

16. Que signifie le mot *folie?*

17. Qu'est-ce que la *parade?*

18. Qu'est-ce que la *parodie?*

19. Où peut être le mérite des parodies quant au style?

EXERCICES.

150ᵉ SUJET.

Cléon le dissipateur étant ruiné, tous ses prétendus amis l'abandonnent. Les deux derniers, Florimon d'abord et le comte ensuite, le quittent, en lui disant chacun à sa manière que c'est le train du monde, et qu'il n'a pas à s'étonner de cet abandon. — Composez ces scènes.

151ᵉ SUJET.

Un chevalier d'industrie, pour relever un peu ses affaires, poursuit à la fois deux femmes en mariage, Mme Patin, la veuve d'un financier, et une baronne dont la fortune, plus grande encore que celle de Mme Patin, dépend d'un procès. La baronne entre chez Mme Patin au moment même où le chevalier était avec elle. Soupçons et jalousie des deux parts ; et de là des questions auxquelles le chevalier a grand intérêt qu'il ne soit pas répondu.

MADAME PATIN.

En vérité, madame, je ne comprends point d'où vient votre curiosité sur le chapitre de M. le chevalier, ni par quel motif....

LA BARONNE.

Comment, madame, par quel motif?

LE CHEVALIER à la baronne.

Eh! madame, de grâce! (<i>A Mme Patin.</i>) Que tout ceci ne vous étonne point : madame est une personne de qualité. (<i>Bas.</i>) C'est ma cousine germaine. (<i>Haut.</i>) Qui m'estime cent fois plus que je ne mérite. (<i>Bas.</i>) Je suis son héritier. (<i>Haut.</i>) Elle a pour moi quelque bonté. (<i>Bas.</i>) Ne parlez pas de notre mariage. (<i>Haut.</i>) J'en ai toute la reconnaissance imaginable. (<i>Bas.</i>) Elle y mettrait obstacle. (<i>Haut.</i>) Et comme elle a de certaines vues pour mon établissement et pour ma fortune, elle craint que je ne prenne des mesures contraires aux siennes.

LA BARONNE.

Oui, madame, voilà par quel motif....

MADAME PATIN.

Je vous demande pardon, madame.

LA BARONNE.

Vous vous moquez, madame. Mais dites-moi seulement, je vous prie, quel commerce M. le chevalier....

MADAME PATIN.

Comment, madame, qu'est-ce que cela veut dire, commerce?

LE CHEVALIER.

Comment, madame la baronne! ignorez-vous que la maison de madame est le rendez-vous de tout ce qu'il y a d'illustre dans Paris? (<i>Bas.</i>) C'est une ridicule. (<i>Haut.</i>) Que pour être en réputation dans le monde il faut être connu d'elle? (<i>Bas.</i>) Ne lui dites rien de nos desseins. (<i>Haut.</i>) Que sa bienveillance pour moi est ce qui fait tout mon mérite? (<i>Bas.</i>) C'est une babillarde qui le dirait. (<i>Haut.</i>) Et qu'enfin je fais tout mon bonheur de lui plaire, et que c'est cela qui m'amène ici?

MADAME PATIN.

Oui, madame, voilà tout le commerce que nous avons ensemble.

LA BARONNE.

Pardonnez-moi, madame.

LE CHEVALIER.

Hé, de grâce! mesdames, n'entrez pas dans des éclaircissements qui ne sont bons à rien; soyez amies pour l'amour de moi, je vous en conjure, et que celle de vous deux qui m'estime le plus embrasse l'autre la première. (*La baronne et Mme Patin courent s'embrasser avec empressement.*) (Dancourt, *le Chevalier à la mode*, acte II, scène VIII.)

ANALYSE.

Dites ce que vous pensez de cette scène, et à quel genre de comédie elle vous paraît appartenir.

152ᵉ SUJET.

Comparez la satire où Horace décrit le chagrin que lui donna un fâcheux en l'accompagnant partout malgré qu'il en eût, avec la comédie des *Fâcheux*, où Molière représente Ergaste assiégé tour à tour par une suite de bavards impertinents qui l'empêchent d'aller à ses affaires.

153ᵉ SUJET.

Dans *les Fausses Consultations* de Dorvigny, Dainval est un avocat consultant, à qui Franville, directeur de théâtre et son ami, vient demander un compliment à adresser au public pour l'ouverture de son spectacle. Dainval s'excuse de ne pouvoir le faire sur ce qu'il ne connaît pas du tout sa troupe; et Franville, pour la lui faire connaître, lui envoie successivement tous les sujets, qui se présentent à lui comme autant de plaideurs qui viennent le consulter. Parmi eux se trouve un jeune homme du nom de *Fort-bien*, dont voici la scène avec Dainval.

FORT-BIEN.

Je vous souhaite bien le bonjour, monsieur, je suis votre serviteur de tout mon cœur.

DAINVAL.

Votre très-humble, monsieur. Qu'y a-t-il pour votre service?

FORT-BIEN.

Je vous dirai, monsieur, qu'il m'arrive quelque chose de fort singulier, de très-singulier, même, on ne peut pas plus singulier. Imaginez-vous, un beau jour, je ne pensais à rien : bon jour, bonne œuvre; il m'arrive une lettre que le facteur m'apporte, c'est fort bien. Je la décachète, elle vient de mon père qui est en Allemagne, c'est à merveille! Il me marque qu'il est à toute extrémité; ça va le mieux du monde.

DAINVAL.

Oui, jusque-là cela me paraît en bon train.

FORT-BIEN.

Là-dessus, moi, je fais une réflexion. Je dis : me voilà ici, moi, c'est fort bien. Mais on ne sait ni qui vit ni qui meurt : mon père me prévient de sa maladie; c'est à merveille. Mais il peut avoir un événement, cet homme. Il est vieux, il peut manquer d'un moment à l'autre : si je ne suis pas là, les collatéraux s'empareront de la succession.

DAINVAL.

Et cela n'ira pas le mieux du monde?

FORT-BIEN.

Sans doute. Mais quoique ça, je dis toujours : c'est fort bien. Un bon averti en vaut deux. Il faut partir et se transporter sur les lieux. Je demande une chaise de poste; elle arrive : v'là qui qui est à merveille. On graisse les roues, je pars, le postillon fouette, et tout va le mieux du monde.

DAINVAL.

Allons, monsieur, bon voyage.

FORT-BIEN.

Voilà que nous trouvons un chemin diabolique; un temps affreux, clair comme dans un four!... Mais quoique ça, nous allions toujours, c'est fort bien. Au bout d'une heure nous tombons dans une ornière, les chevaux s'abattent, et la voiture se brise. V'là qui est à merveille. C'est un accident; ça peut arriver à tout le monde.

DAINVAL.

Sans doute.

FORT-BIEN.

Mais en relevant la voiture, le postillon maladroit pousse ses
chevaux trop vite ; je tombe entre les roues et je me casse une
jambe.

DAINVAL.

Ah diable ! et qu'est-ce que vous dites à cela ?

FORT-BIEN.

Moi ? Ma foi, mettez-vous à ma place : je dis, je pouvais être
tué roide ; je n'ai qu'une jambe cassée, c'est bien heureux ; ça
va le mieux du monde.

DAINVAL.

C'est prendre les choses comme il faut.

FORT-BIEN.

Eh ! dame ! je voudrais vous y voir. Il y a un parti dans tout.
Me voilà donc avec ma jambe cassée, et souffrant comme un
diable. Jusque-là c'est fort bien.

DAINVAL.

Oui, il n'y a rien à dire.

FORT-BIEN.

On me porte chez un chirurgien ; il me remet ma jambe et
me dit : Monsieur, en voilà pour vos quarante jours dans le lit.
Allons, je dis, moi, voilà qui est à merveille. Il faut prendre
patience. Bref, les quarante jours se passent, je me guéris, je
paye le chirurgien, je me remets en route et j'arrive en Allemagne. Tout ça est le mieux du monde.

DAINVAL.

Oui, voilà un petit voyage bien heureux.

FORT-BIEN.

Sitôt arrivé, je me fais conduire à la maison de mon père. J'y
trouve tout le monde chagrin, les domestiques pleurent ; je
dis, moi, c'est fort bien ; ces gens-là sont attachés à leur
maître, c'est naturel. Enfin je m'informe de sa santé. « Ah ! monsieur, me répond-on, vous arrivez trop tard ; il vient de mourir.
— De mourir ? Ça me pétrifie, moi, cette nouvelle-là !... Cependant, après le premier mouvement, je dis : Il est mort, voilà
qui est à merveille ! il n'y a plus de remède. Quoique ça, voyons
le testament.

DAINVAL.

Sans doute ; il faut penser à soi dans la vie.

FORT-BIEN.

Le testament ! me dit-on. Ah ! monsieur, de colère de ce que vous l'abandonniez dans ses derniers moments, le pauvre défunt vous a déshérité.

DAINVAL.

Eh bien ! voilà qui va le mieux du monde.

FORT-BIEN.

Non pas ! je dis, moi, je me suis cassé la jambe en chemin, ça m'a retenu, c'est fort bien. Pendant ce temps-là mon père est mort, c'est à merveille. Mais il m'a déshérité.... Oh ! je ferai casser le testament, et ça ira le mieux du monde.

DAINVAL.

Mais oui, c'est bien imaginé.

FORT-BIEN.

J'ai donc ramassé tout ce que j'ai pu : j'ai vendu quelques nippes ; j'ai emprunté de l'argent, et je me suis mis en route pour aller plaider contre les collatéraux.

DAINVAL.

Et c'est donc là-dessus que vous me demandez conseil ?

FORT-BIEN.

Oui ; mais ce n'est pas tout, ce n'est que le commencement de l'affaire. (*Les Fausses Consultations*, scène XI.)

ANALYSE.

Définissez et classez cette pièce, et dites en quoi consiste le comique de la scène précédente.

154ᵉ SUJET.

GUILLAUME.

Ah ! bon ! v'là que t'es cheux toi ; j'en sis ben aise.

FANCHON.

Queuque tu me veux, mon pauvre Guillaume ?

GUILLAUME.

Écoute, Fanchon, que je te dise. Ce matin, ma mère m'a t'encore parlé au sujet de ton chapitre.

FANCHON.

A' n'a pas fait mon éloge, pas vrai ?

GUILLAUME.

Oh ! ça, tu l'as dit. Mais je n'écoute pas ça, moi. Quand on ne chante pas tes louanges, mon cœur me bouche les oreilles.

FANCHON.

Pourquoi donc que ç'te mère Simonne a comme ça zun velin contre moi ?

GUILLAUME.

Eh pardine ! tu le sais ben. C'est que ton père ne t'a pas amassé des noyaux. Ma mère qu'aime ça, et qu'en a pas mal, veut à toutes forces que j'épouse la fortune. Mais moi, Fanchon, tu le sais, j'aime mieux une fille qu'un sac ; et ce qu'on caresse a ben pus de prix pour moi que ce qui se compte. (Guillemain, *l'Enrôlement Supposé*, scène II.)

ANALYSE CRITIQUE.

Dites ce qu'il faut penser de ce style.

---

§ 76. HISTOIRE DE LA COMÉDIE.

QUESTIONS THÉORIQUES.

1. Quand est née la comédie ?
2. Était-il difficile de mettre la satire en action ?
3. Comment s'appela ce premier genre de comédie ?
4. Que firent les poëtes pour éluder la loi qui défendait de nommer les personnes ?
5. Comment s'appela ce second genre de comédie ?
6. La comédie moyenne dura-t-elle longtemps ?
7. Comment appela-t-on la troisième forme de la comédie ?
8. Y eut-il des comédies à Rome ?
9. Qu'est-ce que Plaute ?
10. Qu'est-ce que Térence ?
11. Quelle a été la comédie en France ?
12. Qu'est-ce que Molière ?

13. Ses dispositions naturelles, son caractère ob-
servateur, son talent de style sont-ils pour tout dans
le succès qu'il a obtenu?

14. Qu'est-ce qui montre l'influence de nos mœurs
et de notre langue dans la comédie?

15. La comédie est-elle plus facile chez nous que la
tragédie?

16. Indiquez quelques-uns de nos meilleurs auteurs
comiques après Molière?

EXERCICES.

155e SUJET.

STREPSIADE.

Tiens, mon fils, tourne les yeux de ce côté. Vois-tu cette
porte et cette petite maison?

PHIDIPPIDE.

Je les vois : mais qu'est-ce que cela, ô mon père?

STREPSIADE.

C'est là une école pour les esprits sages. Là habitent des
gens qui nous soutiennent que le ciel est un four placé autour
de nous, et que nous sommes des charbons. Ces gens-là montrent, à qui leur donne de l'argent, à avoir toujours raison,
qu'on soutienne le juste ou l'injuste.

PHIDIPPIDE.

Qui sont-ils, enfin?

STREPSIADE.

Je ne sais pas précisément leurs noms ; mais ce sont des
gens de bien, livrés à la méditation.

PHIDIPPIDE.

Bah! ne sont-ce pas plutôt de misérables hâbleurs et des
va-nu-pieds, parmi lesquels on compte ce gredin de Socrate et
Ctésiphon.

STREPSIADE.

Tais-toi, ne va pas dire de sottises. Mais si tu tiens un peu à la fortune de ton père, deviens pour moi un de ces philosophes et laisse là les courses de chevaux.

PHIDIPPIDE.

Ma foi non ; je ne le ferais pas quand tu me donnerais les faisans que nourrit Léagoras.

STREPSIADE.

Allons, je t'en prie, ô toi que j'aime le plus de tous les hommes, va t'instruire.

PHIDIPPIDE.

Mais encore, qu'apprendrai-je ?

STREPSIADE.

On dit qu'ils ont deux discours, l'un bon quel qu'il soit, l'autre pire ; et qu'avec l'un d'eux, je veux dire avec le pire, on a toujours raison, même quand on soutient l'injustice. Si tu m'apprenais ce discours injuste, si avantageux, de tout ce que je dois aujourd'hui pour toi, je ne payerais pas une obole à qui que ce soit. (Aristophane, *les Nuées*, v. 92 à 118.)

ANALYSE.

Dites à quelle époque appartient ce passage d'une comédie grecque. Indiquez-en le caractère.

156e SUJET.

La Harpe ayant, dans son *Cours de littérature*, parlé de Plaute d'une façon très-légère, et uniquement pour prouver qu'il est inférieur à Molière, montrez que cette manière d'apprécier un auteur comique n'est pas équitable, et que Plaute, eu égard à son temps et à l'état de la littérature latine, a pu mériter des éloges plus grands que ceux qu'il a reçus du critique français.

157e SUJET.

THRASON (*militaire fanfaron*).

Faut-il, Gnathon, que je reçoive une pareille insulte. J'aimerais mieux mourir. Allons, Simalion, Donax, Syriscus, suivez-moi. D'abord j'assiégerai la maison.

GNATHON (*parasite*).

Bien.

THRASON.

J'enlèverai la jeune fille.

GNATHON.

Très-bien.

THRASON.

Je la traiterai d'une jolie manière.

GNATHON.

Parfaitement bien.

THRASON.

Toi, Donax, tiens le centre de bataille avec un levier; toi, Simalion, prends l'aile gauche; et toi, Syriscus, la droite. Venez les autres. Où est le centurion Sanga et la compagnie de chenapans?

SANGA.

Me voici.

THRASON.

Qu'est-ce que cela, malheureux? Est-ce avec la brosse et le torchon que tu portes que tu vas combattre?

SANGA.

Moi! c'est que connaissant l'énergie de mon capitaine et la vigueur des soldats, j'ai pensé qu'il y aurait bien du sang répandu et qu'il faudrait essuyer les blessures.

THRASON.

Où sont les autres?

SANGA.

Quels autres? Il n'y a plus que Sannion qui garde la maison.

THRASON.

Allons, mets-les en ordre. Pour moi, je serai là dès qu'on aura commencé. De là je donnerai le signal à tout le monde.

GNATHON.

Voilà qui est prudent: il met ses troupes en bataille, et lui-même se retire en lieu sûr.

THRASON.

C'est ce que Pyrrhus a fait avant moi.

CHRÉMÈS.

Vois-tu, Thaïs, ce qui se fait devant la maison; il me semble que c'est un sage parti à prendre que de bien fermer toutes nos portes.

THAÏS.

Oh ! n'aie pas peur : ce grand escogriffe qui te semble un homme redoutable, n'est au fond qu'un lâche coquin.

THRASON.

Que te semble de ces dispositions ?

GNATHON.

Je voudrais qu'on te donnât une fronde : tu leur lancerais des pierres de loin, et ils prendraient la fuite.

THRASON.

Mais voilà Thaïs elle-même ; je la reconnais.

GNATHON,

Quand nous élançons-nous ?

THRASON.

Doucement. Il est d'un sage d'essayer tous les moyens avant d'en venir aux armes. Sais-tu si elle ne fera pas de son plein gré ce que j'exige ?

GNATHON.

O Dieu ! que voilà qui est bien pensé ! Jamais je n'approche cet homme-là sans apprendre quelque chose. (Térence, *l'Eunuque*, acte IV, scène VII.)

MATAMORE *à Clindor.*

Viens çà, tu sais ton crime, et qu'à l'objet que j'aime
Loin de parler pour moi, tu parlais de toi-même.

CLINDOR.

Oui, pour me rendre heureux, j'ai fait quelques efforts.

MATAMORE.

Je te donne le choix de trois ou quatre morts.
Je vais d'un coup de poing te briser comme un verre ;
Ou t'enfoncer tout vif au centre de la terre ;
Ou te fendre en dix parts d'un seul coup de revers ;
Ou te jeter si haut, au-dessus des éclairs,
Que tu sois dévoré des feux élémentaires.
Choisis donc promptement et pense à tes affaires.

CLINDOR.

Vous-même, choisissez.

MATAMORE.

Quel choix proposes-tu?

CLINDOR.

De fuir en diligence, ou bien d'être battu.

MATAMORE.

Me menacer encore! Ah! ventre! quelle audace!
Au lieu d'être à genoux et d'implorer ma grâce!
Il a donné le mot, ces valets vont sortir,
Je m'en vais commander aux mers de l'engloutir.

CLINDOR.

Sans vous chercher si loin un si grand cimetière,
Je vous vais de ce pas jeter dans la rivière.

MATAMORE.

Ils sont d'intelligence. Oh! tête!

CLINDOR.

Point de bruit;
J'ai déjà massacré dix hommes cette nuit,
Et, si vous me fâchez, vous en croîtrez le nombre.

MATAMORE.

Cadédiou! ce coquin a marché dans mon ombre:
Il s'est fait tout vaillant d'avoir suivi mes pas.
S'il avait du respect, j'en voudrais faire cas.
Écoute, je suis bon, et ce serait dommage
De priver l'univers d'un homme de courage.
Demande-moi pardon, et cesse par tes feux
De profaner l'objet digne seul de mes vœux.
Tu connais ma valeur, éprouve ma clémence.

CLINDOR.

Plutôt, si votre amour a tant de véhémence,
Faisons deux coups d'épée au nom de la beauté.

MATAMORE.

Parbleu! tu me ravis de générosité.
Va, pour la conquérir, n'use plus d'artifices:
Je te la veux donner pour prix de tes services.
Plains-toi dorénavant d'avoir un maître ingrat.

(Corneille, *l'Illusion*, acte III, scène x.)

ANALYSE COMPARÉE.

Dites ce que vous pensez de ces pièces et des caractères de guerriers fanfarons qui y sont présentés.

---

§ 77. PIÈCES A MUSIQUE, A DANSE, A SPECTACLE.

QUESTIONS THÉORIQUES.

1. N'y a-t-il pas des pièces où l'auteur n'est pas seul,
mais où il appelle à son aide, pour amuser les spectateurs, des moyens étrangers à la littérature proprement dite?

2. Employait-on autrefois les décorations comme
aujourd'hui?

3. Qu'est-il arrivé plus tard?

4. Qui est l'inventeur des pièces à machines?

5. Qu'est-ce que les *pièces féeries?*

6. Qu'appelle-t-on tableau dans les pièces à spectacle?

7. Que signifie ce mot, une *pièce en quatre actes et
en quinze tableaux?*

8. Comment la *musique* et la *danse* se sont-elles in-
troduites dans les pièces dramatiques?

9. Donnez un exemple.

10. Est-ce là ce qu'on appelle comédie *à couplets* ou
à ariettes?

11. Qu'appelle-t-on *vaudevilles?*

12. La forme de ces pièces a-t-elle toujours été a
même?

13. Qu'est-ce que l'*opéra-comique?*

14. Qu'est-ce que le *mélodrame?*

15. Quel langage est employé dans les *opéras*?

16. Comment distingue-t-on les opéras, selon le caractère général de la pièce?

17. Qu'est-ce que la *comédie-ballet*?

18. Quelles sont les pièces où l'on ne parle pas?

19. Quand s'appellent-elles *pantomimes*?

20. Quand s'appellent-elles des *ballets*?

21. Qu'appelle-t-on *opéra*?

22. Le mérite littéraire d'un opéra est-il considérable?

23. Quelle conclusion tire-t-on de là?

EXERCICES.

158e SUJET.

JENNY.

Mais, Richard, mon troupeau est chez milord.

RICHARD.

Qu'importe?

JENNY.

Comment, qu'importe? C'est toute ma dot.

RICHARD.

Toi, une dot! En as-tu besoin?

JENNY.

Eh! Richard, sans mon troupeau ta mère ne consentira jamais à notre mariage.

RICHARD.

Je la prierai tant.

JENNY.

Non, c'est inutile. Je veux ravoir mon troupeau. Le roi doit chasser encore demain. J'irai sur son passage; je me jetterai à ses pieds. Il m'écoutera; il ne serait pas roi s'il n'était pas juste.

RICHARD.

Enfin je te revois.

Duo.

JENNY.

Ah ! Richard, ah! mon cher ami.

RICHARD.

Ah! Jenny, ma chère Jenny.

JENNY.

Ah! que j'ai souffert aujourd'hui !

RICHARD.

Ah! que tu m'as causé d'alarmes !

JENNY.

Ah! que j'ai souffert aujourd'hui !

RICHARD.

Ah! que tu m'as coûté de larmes !

ENSEMBLE.

Quel plaisir de te voir ici, etc.

(Sedaine, *le Roi et le Fermier*, acte Ier, scène IX.)

ANALYSE.

Classez cette pièce, et montrez sur ce court passage un des caractères et des défauts du genre.

159e SUJET.

Donnez un exemple sur quelque pièce féerie des détails de représentation qui ont motivé ce nom.

160e SUJET.

Armide arrive au moment où Ubalde et le chevalier danois, ayant présenté à Renaud le bouclier de diamant où il se voit avec honte, le déterminent à quitter les jardins enchantés et à renoncer à l'amour de cette magicienne. Elle s'écrie :

Renaud ! ciel ! ô mortelle peine !
Vous partez, Renaud, vous partez.
Démons, suivez ses pas, volez et l'arrêtez :
Hélas ! tout me trahit et ma puissance est vaine.

Renaud! ciel! ô mortelle peine!
Nos cris ne sont pas écoutés.
Vous partez, Renaud, vous partez.
Si je ne vous vois plus, croyez-vous que je vive?
Ai-je pu mériter un si cruel tourment?
Au moins comme ennemi, si ce n'est comme amant,
        Emmenez Armide captive.
J'irai dans les combats, j'irai m'offrir aux coups
        Qui seront destinés pour vous.
        Renaud, pourvu que je vous suive,
Le sort le plus affreux me paraîtra trop doux.

RENAUD.

Armide, il est temps que j'évite
Le péril trop charmant que je trouve à vous voir.
        La gloire veut que je vous quitte;
Elle ordonne à l'amour de céder au devoir.
        Si vous souffrez, vous pouvez croire
        Que je m'éloigne à regret de vos yeux.
Vous régnerez toujours dans ma mémoire;
        Vous serez, après la gloire,
        Ce que j'aimerai le mieux.

(Quinault, *Armide*, acte V, scène IV.)

ANALYSE.

Dites ce que c'est que ce fragment, et à quel genre
de pièce il appartient.

FIN.

TABLE DES MATIÈRES.

Ch. Lahure, imprimeur du Sénat et de la Cour de Cassation
(ancienne maison Crapelet), rue de Vaugirard, 9.

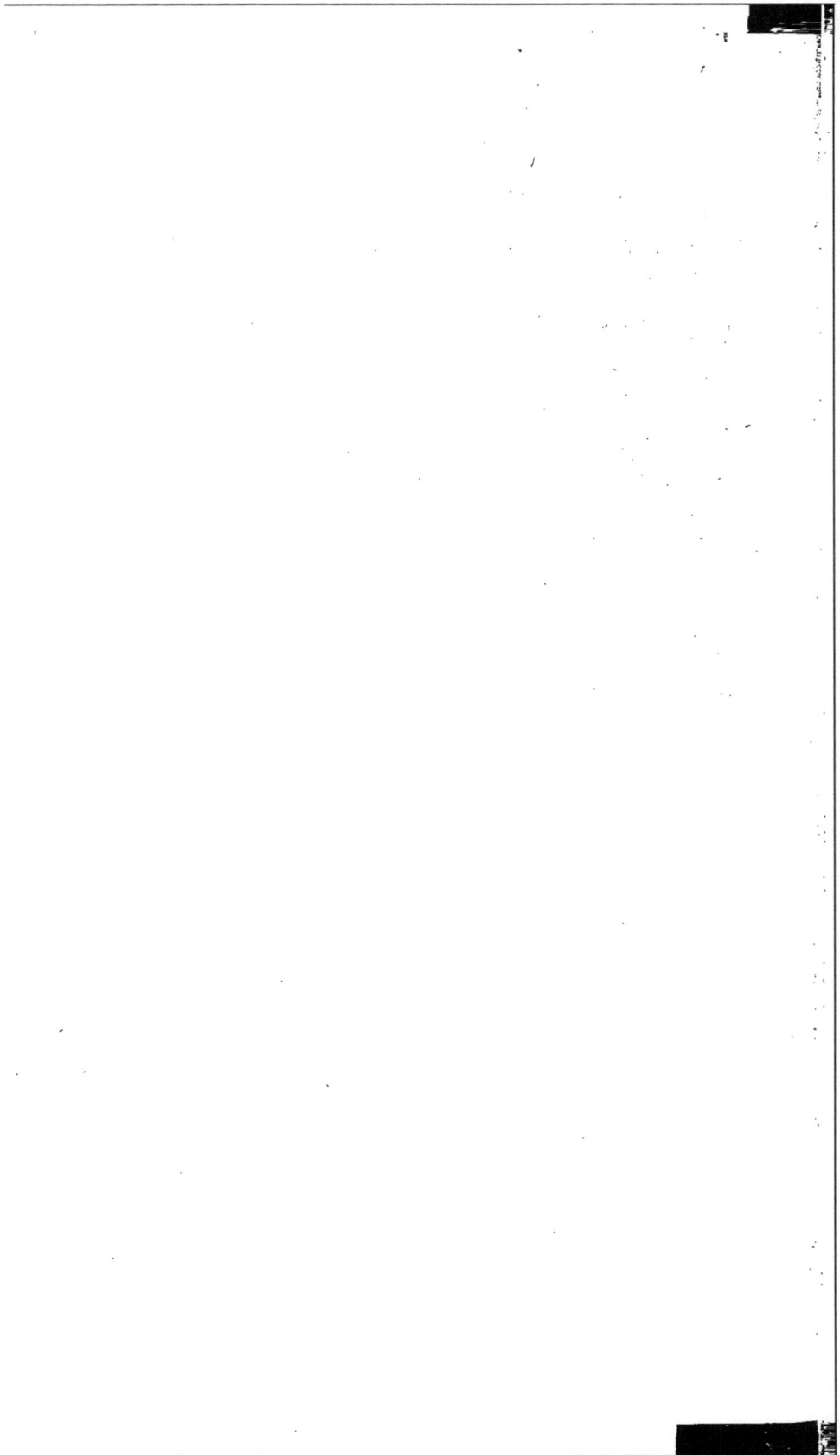

COURS RAISONNÉ DE LANGUE FRANÇAISE

PAR M. B. JULLIEN

délégué pour l'un des arrondissements de Paris, docteur ès lettres,
licencié ès sciences, secrétaire de la Société des méthodes d'enseignement.

23 volumes in-12, cartonnés, qui se vendent séparément.

PREMIER DEGRÉ (Enseignement élémentaire). — 5 volumes.

Éléments de la grammaire française de Lhomond, revus et
complétés ; nouvelle édition........................... 60 c.
**Questions et exercices sur la grammaire française de
Lhomond**, à l'usage des élèves ; nouvelle édition.......... 60 c.
Le même ouvrage, avec les réponses aux questions, les corrigés
des exercices et des dictées nouvelles ; à l'usage des maîtres. 1 fr. 50 c.
Petit traité des participes, accompagné de devoirs et de ques-
tions : à l'usage des élèves........................... 60 c.
Le même ouvrage, avec les réponses aux questions, les corrigés
des exercices et des dictées nouvelles ; à l'usage des maîtres... 1 fr.

DEUXIÈME DEGRÉ (Enseignement intermédiaire). — 7 volumes.

Traité de grammaire française, comprenant avec les règles
de notre langue, l'étude des gallicismes les plus usités. 1 volume de
350 pages........................... 1 fr. 80 c.
Questions et exercices sur le traité de grammaire française ; à
l'usage des élèves........................... 1 fr. 80 c.
Le même ouvrage, avec les réponses aux questions et les corrigés
des exercices ; à l'usage des maîtres........................... 3 fr.
Petit traité d'analyse grammaticale, à l'usage des élèves ;
nouvelle édition........................... 50 c.
Traité complet d'analyse grammaticale, à l'usage des
maîtres ; nouvelle édition........................... 1 fr. 50 c.
Petit traité d'analyse logique, à l'usage des élèves ; nouvelle
édition........................... 50 c.
Traité complet d'analyse logique, à l'usage des maîtres ;
nouvelle édition........................... 1 fr. 50 c.

TROISIÈME DEGRÉ (Enseignement supérieur). — 6 volumes.

Petit traité des figures et des formes de style.. 1 fr. 80 c.
Questions et exercices sur le petit traité des figures et des formes
de style ; à l'usage des élèves........................... 1 fr. 25 c.
Le même ouvrage, avec les réponses aux questions et les corrigés
des exercices ; à l'usage des maîtres........................... 3 fr.
Petit traité de rhétorique et de littérature.... 2 fr. 50 c.
Questions et exercices sur le petit traité de rhétorique et de litté-
rature ; à l'usage des élèves........................... 1 fr. 80 c.
Le même ouvrage, avec les réponses aux questions et les corrigés
des exercices ; à l'usage des maîtres........................... 3 fr.

OUVRAGES COMPLÉMENTAIRES. — 5 volumes.

Vocabulaire grammatical de la langue française, dans
lequel sont définis, mis en concordance et appréciés les divers termes
grammaticaux, etc........................... 1 fr. 80 c.
Nouvelles dictées d'orthographe........................... 1 fr. 80 c.
Le langage vicieux corrigé, ou liste alphabétique des fautes les
plus ordinaires dans la prononciation, l'écriture, etc.... 1 fr. 80 c.
Manuel de la conjugaison des verbes français.... 1 fr.
**Explication des principales difficultés de l'enseigne-
ment de la grammaire,** à l'usage de toutes les personnes char-
gées d'instruire ou d'interroger les enfants........................... 1 fr. 50 c.

Imprimerie de Ch. Lahure (ancienne maison Crapelet),
rue de Vaugirard, 9, près de l'Odéon.

www.ingramcontent.com/pod-product-compliance
Lightning Source LLC
Chambersburg PA
CBHW071948090426
42740CB00011B/1858